Ian Parker
David Pavón-Cuéllar

PSICANÁLISE E REVOLUÇÃO

Psicologia crítica para movimentos de liberação

Tradução de Luis Reyes Gil

1ª edição
1ª reimpressão

autêntica

COLEÇÃO
Psicanálise
no Século XXI

SÉRIE
Crítica
e Clínica

Copyright © 2005 Fordham University Press

Título original: *Psychoanalysis and Revolution*

Todos os direitos reservados pela Autêntica Editora Ltda. Nenhuma parte desta publicação poderá ser reproduzida, seja por meios mecânicos, eletrônicos, seja via cópia xerográfica, sem a autorização prévia da Editora.

EDITOR DA COLEÇÃO
PSICANÁLISE & REVOLUÇÃO
Gilson Iannini

COORDENADOR DA SÉRIE
CRÍTICA E CLÍNICA
Christian Dunker

EDITORAS RESPONSÁVEIS
Rejane Dias
Cecília Martins

CAPA E PROJETO GRÁFICO
Diogo Droschi

REVISÃO
Aline Sobreira

DIAGRAMAÇÃO
Waldênia Alvarenga

Dados Internacionais de Catalogação na Publicação (CIP)
(Câmara Brasileira do Livro, SP, Brasil)

Parker, Ian
  Psicanálise e revolução : psicologia crítica para movimentos de liberação / Ian Parker, David Pavón-Cuéllar ; tradução Luis Reyes Gil. -- 1. ed.; 1. reimp. -- Belo Horizonte : Autêntica Editora, 2025. -- (Coleção Psicanálise no Século XXI, Série Crítica e Clínica)

  Título original: Psychoanalysis and Revolution
  ISBN 978-65-5928-147-3

  1. Filosofia 2. Movimento 3. Psicanálise 4. Psicologia 5. Psiquiatria I. Pavón-Cuéllar, David. II. Gil, Luis Reyes. III. Título IV. Série.

22-100408   CDD-150.195

Índices para catálogo sistemático:
1. Psicanálise 150.195

Maria Alice Ferreira - Bibliotecária - CRB-8/7964

GRUPO **AUTÊNTICA**

Belo Horizonte
Rua Carlos Turner, 420
Silveira . 31140-520
Belo Horizonte . MG
Tel.: (55 31) 3465 4500

São Paulo
Av. Paulista, 2.073, Conjunto Nacional
Horsa I . Salas 404-406 . Bela Vista
01311-940 . São Paulo . SP
Tel.: (55 11) 3034 4468

www.grupoautentica.com.br
SAC: atendimentoleitor@grupoautentica.com.br

A coleção Psicanálise no Século XXI

A coleção Psicanálise no Século XXI quer mostrar que a psicanálise pode se renovar a partir de perguntas que a contemporaneidade nos coloca, assim como sustentar a fecundidade da clínica e da teoria psicanalítica para pensar o tempo presente.

A série Crítica e Clínica

Conhecida e atacada pela sua longevidade, a psicanálise tem se mostrado, além de método clínico e uma teoria do tratamento, um dispositivo crítico. No universo anglo-saxônico, esse papel crítico fica evidente pela associação com as teorias antirracialistas, pós-marxistas e feministas, mas também pela sua aproximação com teorias do cinema, da crítica literária e da filosofia. No Brasil, conhecido pela disseminação da psicanálise como prática psicoterapêutica tanto no âmbito privado quanto em sua inserção institucional nas redes assistenciais e na saúde pública, a relação entre crítica da cultura e clínica do sofrimento está por encontrar uma sistematização editorial. Este é o objetivo e a proposta da série Crítica e Clínica: mostrar que a crítica social pode se reverter em renovação e aperfeiçoamento de procedimentos clínicos. Isso significa combinar produção conceitual e reflexão psicopatológica com trabalhos de análise de transformações sociais, enfatizando o que podemos chamar de "políticas de sofrimento psíquico".

Formar uma nova política de saúde mental e dar voz e suporte narrativo para posições subalternizadas de gênero, classe e raça em nossa história é também uma forma de modificar, pela raiz, os processos de transmissão e pesquisa que vieram a caracterizar o estilo próprio e a ética da psicanálise. Nosso objetivo consiste em traduzir um montante significativo de produções da psicanálise crítica, combinando-o com a nascente produção brasileira orientada para a renovação da psicanálise. Pretendemos iluminar experiências alternativas e proposições inovadoras que se multiplicaram nos últimos anos, acolher esse movimento intelectual e organizar o debate que essas experiências e proposições suscitam ao operar transversalmente em relação às escolas de psicanálise e suas tradições. Uma nova forma de relação entre a produção universitária e o trabalho desenvolvido nas escolas de formação torna-se, assim, parte da desobstrução dos muros e condomínios que marcaram até aqui a distribuição iniquitativa dos recursos culturais e sociais no Brasil.

11 **Prefácio à edição brasileira**
Uma psicanálise de orientação crítica
para os movimentos de liberação
Christian Ingo Lenz Dunker

27 **Apresentação**
28 Psicanálise
31 Revolução

35 **1 · Introdução: sofrimento, dialética e liberação**
37 Sintomas do sofrimento como
fenômenos históricos
40 *Adaptação*
45 *História*
47 *Sujeitos*

49 A psicanálise é dialética:
nem psicologia nem psiquiatria
50 *Psicologia*
54 *Conflito*

59 Liberação na clínica e na cultura

63 **2 · Inconsciente: alienação, racionalidade
e alteridade**
64 Alienação e senso comum
66 *Senso comum*
72 *Poder*

76 Racionalidade na armadilha do eu
78 *Ciência*
81 *Ética*

85 Alteridade, da psicanálise
87 *Divisão*

3 · **Repetição: história, compulsão e liberdade**

92 Histórias de fracasso
94 *Gozo*
97 *Sofrimento*

99 Compulsão e sintoma
100 *Replicação*
106 *Contradição*

109 Liberdade para repetir e falhar melhor
111 *Significantes*

117 4 · **Pulsão: corpo, cultura e desejo**

118 Corpos, de vida e morte
119 *Vida*
122 *Morte*

125 Cultura, de sexo e mais que isso
126 *Proibição*
130 *Interpretação*
131 *Sexo*

134 O desejo, de outros
135 *Mercados*
137 *Machismo*

141 5 · **Transferência: poder, resistência e análise**

143 Poder, dentro e fora da clínica
144 *Objetividade*
147 *Famílias*

151	*Fantasia*
155	*Verdade*

156	Resistência, na e da clínica
157	*Clínica*
160	*Ausência de estrutura*

162 Análise, do poder e da resistência

---

165 6 · Transformação subjetiva: tempo para compreender e momentos para a ação

167	História e tempo revolucionário
170	*Enfermidade*

173 Falsos futuros prometidos pelas profissões psi terapêuticas

174	*Psicoterapia*
177	*Grupos*

180	Transições, no mundo e na psicanálise
181	*Demandas*
184	*Liberdade*

---

187 Leitura de apoio

187	Psicanálise
191	Psicologia crítica
193	Política

---

197 Os autores

Prefácio à edição brasileira
Uma psicanálise de orientação crítica
para os movimentos de liberação

Christian Ingo Lenz Dunker

Ian Parker e David Pavón-Cuéllar se reuniram para produzir este manifesto. Forma esquecida de enunciar programas estéticos ou políticos, o manifesto é um tipo de voto ou desejo. Ele não se contenta em dizer criticamente o que deve ser reformulado, nem apenas os meios para tal, ele aponta caminhos. Não só denuncia, mas também convida uma comunidade a agir em uma determinada direção.

A forma *manifesto* e a psicanálise possuem uma afinidade histórica com o Brasil, que podemos verificar nos primeiros seis parágrafos do "Manifesto antropófago", proposto por Oswald de Andrade em 1928:

> Só a antropofagia nos une. Socialmente. Economicamente. Filosoficamente.
>
> *Única* lei do mundo. Expressão mascarada de todos os individualismos, de todos os coletivismos. De todas as religiões. De todos os tratados de paz.
>
> Tupy, or not tupy that is the question.
>
> Contra toda as catequeses. Contra a mãe dos Gracos.
>
> Só me interessa o que não *é* meu. Lei do homem. Lei do antropófago.

Estamos fatigados de todos os maridos católicos suspeitosos postos em drama. Freud acabou com o enigma mulher e com outros sustos da psicologia impressa.[1]

O primeiro autor mencionado é Sigmund Freud. Ele aparece em oposição aos "maridos suspeitosos" e em relação à "psicologia impressa". Se ele acabou ou não com o enigma sobre a mulher, isso ainda está em pauta. Isso mostra, de forma saliente, a persistência do espírito do *Manifesto antropófago*, tão longínquo na história da literatura brasileira, e o teor do manifesto *Psicanálise e revolução*, de 2020. Nele a psicanálise é posta em linha com movimentos sociais feministas, anti-heteropatriarcalistas, anticolonialistas e anticapitalistas. Nele a psicanálise é oposta às "psicologias impressas", à psiquiatria do silenciamento da palavra e a práticas de alienação e exercício do poder.

Ian Parker e David Pavón-Cuéllar fazem parte de um movimento que há mais de 30 anos vem lutando contra a ideologia psicológica que se tornou necessária, no capitalismo moderno e depois contemporâneo, para justificar nossas alienações de classe, raça, gênero e epistemologia. Ian Parker e Erica Burman, trabalhando em Manchester, na Inglaterra, acabaram formando, ao longo desse tempo, uma extensa rede internacional de resistência. Egressos do marxismo trotskista e do ativismo feminista, atravessaram os movimentos críticos dos anos 1970, desde Stuart Hall e a Escola de Birmingham até a crítica dos discursos de Donna Haraway e Rom Harré, a terceira onda feminista e a renovação do marxismo pela *New Left Review*. Baseados

---

[1] ANDRADE, O. Manifesto antropófago. *Revista Antropofágica*, ano 1, n. 1, maio 1928.

primeiramente na Universidade Metropolitana de Manchester e depois na Universidade de Manchester, eles tornaram-se referências intelectuais com obras expressivas na análise de discurso, na epistemologia crítica,[2] na crítica da ideologia da psicologia,[3] na teoria crítica da saúde mental,[4] na psicologia da educação,[5] na história e na sociologia da psicanálise[6] (inclusive no Oriente[7]), na psicanálise lacaniana[8] e, é claro, na filosofia e na psicologia política de

---

[2] PARKER, I. (Ed.). *Social Constructionism, Discourse and Realism.* London: Sage, 1998; PARKER, I. *Qualitative Psychology: Introducing Radical Research.* London: Open University Press, 2005; BANISTER, P.; BURMAN, E.; PARKER, I.; TAYLOR, M.; TINDALL, C. *Métodos cualitativos en psicologia.* Guadalajara: Universidad de Guadalajara, 2004.

[3] PARKER, I. *La psicologia como ideologia.* Madrid: Catarata, 2010; LOPEZ, A.; PARKER, I. (Ed.). *Cyberpsychology.* London: Aardwark, 1999.

[4] PARKER, I. (Ed.). *Deconstructing Psychopathology.* London: Sage, 1995.

[5] BURMAN, E. *Developments: Child, Image, Nation.* London: Routledge, 2008.

[6] PARKER, I. *Cultura psicanalítica: discurso psicanalítico na sociedade ocidental.* Aparecida: Ideias e Letras, 2006; PARKER, I. *Psychoanalysis, Clinic and Context: Subjectivity, History and Autobiography.* London: Routledge, 2019; PARKER, I. *Psychoanalytic Mythologies.* London: Anthem, 2009; PARKER, I. *Psychology after Unconscious: from Freud to Lacan.* London: Routledge, 2015; PARKER, I. *Psychology after Psychoanalysis: Psychosocial Studies and beyond.* London: Routledge, 2015; PARKER, I.; RAVELLI, S. (Eds.). *Psychoanalytic Practice and State Regulation.* London: Karnac, 2008.

[7] PARKER, I. *Japan in Analysis: Cultures of the Unconscious.* London: MacMillan, 2008.

[8] PARKER, I. *Lacanian Psychoanalysis.* London: Routledge, 2011; PARKER, I. *Psicanálise lacaniana: revolução na subjetividade.* São Paulo: Zagodoni, 2022.

esquerda.[9] Mas, além de pesquisadores de alta pontuação no circuito internacional da ciência, eles, como intelectuais itinerantes, construíram uma rede mundial de professores e ativistas, de feministas e críticos literários e pensadores negros e antirracistas, de vegetarianos e marxistas, de antinacionalistas e ecologistas, de cyberpunks e hackers e até mesmo... psicanalistas. Rede que vai de Porto Rico à Índia, do Brasil ao Japão, dos Estados Unidos à África do Sul, da Turquia à Geórgia, das Filipinas ao Uruguai, passando por quase toda a Europa. Tendo conhecido Ian e Erica, em 1999, em Caracas, Venezuela, faço parte dessa rede e pude presenciar a força de sua solidariedade de pesquisa e política.

David Pavón-Cuéllar pertence a essa rede de pesquisadores críticos formada ao longo destes últimos 30 anos. Trabalhando na cidade de Morelia, uma das mais violentas do México, ele tem uma respeitável obra sobre psicanálise, análise de discurso e psicologia social.[10] Sua integração nessa autêntica comunidade internacional de trabalho é um exemplo de como são possíveis laços de ativismo e militância crítica, em escala global, mesmo em uma situação de hegemonia crescente do trabalho dominante em pesquisa, orientado pela ciência normal. Ou seja, a ideia de que as universidades – e, com elas, o que chamamos de ciência – se

---

[9] PARKER, I. *Revolutionary Keywords for New Left*. Winchester: Zero Books, 2017; PARKER, I. *Revolution in Psychology: Alienation and Emancipation*. London: Pluto Press, 2007; PAVÓN-CUÉLLAR, D.; LARA JR., N. (Org.). *Psicanálise e marxismo: as violências em tempos de capitalismo*. Curitiba: Appris, 2018.

[10] PAVÓN-CUÉLLAR, D. *From the Conscious Interior to an Exterior Unconscious: Lacan, Discourse Analysis and Social Psychology*. London: Karnac, 2009; PAVÓN-CUÉLLAR, D. *Elementos políticos de marxismo lacaniano*. México: Paradiso, 2014.

integraram perfeitamente ao sistema internacional de conhecimento instrumentalizado admite exceções.

O manifesto *Psicanálise e revolução* que o leitor agora tem em mãos, traduzido para mais de 10 línguas, é redigido para ser compreendido por qualquer um que tenha interesse em questões e causas sociais. Ele se preocupa em apresentar a psicanálise para leigos absolutos e desinformados completos quer de seu vocabulário, quer de seus termos ou de suas pressuposições. Ao longo de todo o manifesto não há uma citação sequer, e os nomes de autores são restritos ao mínimo do que de certa forma já seria conhecido do grande público.

Aqui já se assinala essa tentativa de se fazer compreender para além dos muros universitários e das disciplinas e seus campos e domínios. Trata-se de "construir uma alternativa prática ao capitalismo, ao sexismo, ao racismo e *às* novas formas de colonialismo". Que a psicanálise posa fazer isso sozinha, o manifesto é escasso e despretensioso a esse respeito. Que ela participe como instrumento e prática crítica desse sentido, isso parece certo e seguro. Para tanto, será necessário decompor a psicanálise, mostrar suas diferenças em relação à psicologia e à psiquiatria, mostrar suas associações e parasitagens. Como disse Ian Parker em uma célebre conferência em Montevidéu: "existe uma luta de classes dentro da psicanálise". Se a psicanálise não é propriamente uma visão de mundo, ela pode introduzir um pouco de criação e transformação.

A individualidade dificulta imaginar nossa própria posição em um sistema de coordenadas simbólicas que nos sobredetermina, mas ele não é suficiente, por si só, para evitar a conexão íntima do real com nossa experiência de sofrimento. Isso é uma tarefa prática coletiva, mas que toca o ativista mais do que a outros. Por isso o manifesto parte do sintoma, como vínculo entre palavra e ação, como efeito de estrutura, para caracterizar a psicanálise como uma abordagem crítica do sofrimento psicológico – lembrando do engajamento dos primeiros psicanalistas em clínicas comunitárias, na luta contra os preconceitos sexuais, e de como foram perseguidos como comunistas e judeus muito antes de serem percebidos como aristocratas engajados em um tratamento das elites para as elites.

No fundo, este manifesto é uma convocação para o retorno a uma psicanálise radical, com se pode perceber em certos aspectos históricos de seu início. Os sintomas são formas de individualização e de incorporação do mal-estar social em que vivemos. E esse mal-estar passa pelo capitalismo e sua forma colonial, heteropatriarcal e androcêntrica.

A concepção psicanalítica de sujeito, irredutível ao indivíduo, permite propor modelos de ação capazes de transformar esse sofrimento, afastando-se da psicologia adaptativa, conformista e positiva. Isso ocorre desde que pensemos a psicanálise como uma antipsicologia que se recusa a ser regulada pelo Estado e que pretende tratar de nossas experiências opressivas de classe, raça e sexo, não apenas fora de nós, mas também "dentro de nós" e em cada um. Ela desafia a imagem do corpo autossuficiente e do *self* autodeterminado, acentuando a vulnerabilidade como condição universal, tal como os ativistas do campo da incapacitação.

Mas neste manifesto não se trata de psicoterapia para todos nem de difundir ainda mais a psicologização imaginária dos indivíduos, como se percebe no *coaching*, nas redes sociais e em certas narrativas neopentecostais. Liberar a psicanálise significa reposicionar o lugar do conflito, resistente e repetitivo, tomando-o como oportunidade dialética de impulso para a desalienação. "Para ser libertadora, a psicanálise precisa ser libertada." Para isso, basta radicalizar que ela é uma experiência original de escuta, não um discurso que fala de nós, em nosso nome. O sujeito revolucionário aqui defendido nasce do conflito e se desvanece quando ele termina, por isso, ao contrário das instituições que se pensam eternas, a psicanálise busca constantemente a prática de autodissolução. Junto a nossa relação com a alteridade do Outro, incrustaram-se em nós reações classistas, sexistas e nacionalistas. Isso faz parte do estranhamento que temos em relação a nós mesmos. Portanto, bem-estar, felicidade e harmonia egológica são peças da ideologia que recusa o conflito, porque recusa o inconsciente.

Não se trata apenas de politizar a psicanálise, tematizando as relações de poder no interior do tratamento, animando os movimentos de liberação, mas também de um recurso para perceber caminhos equivocados para politizar o sujeito e para psicologizar a política. Em outras palavras, a psicanálise não é, por si só, uma política, mas não consegue existir sem lhe trazer implicações e consequências.

O que há de essencial neste manifesto não é o debate da psicanálise com a política ou a investigação de em qual sentido a psicanálise admite infiltrações de poder, mas a declaração de que há pelo menos uma psicanálise comprometida com as lutas de liberação. Ela não é a expressão da voz de um eu implicitamente branco, masculino, pretensamente civilizado, que fala como se protegesse o mundo da barbárie, sendo ele mesmo um bárbaro. A psicanálise recupera uma ideia de mundo mais além da dominação de natureza, o que a coloca em linha com certas causas ecológicas.

Assim como não podemos incluir a psicanálise como uma política, mas como um discurso entre outros no campo da política progressista e revolucionária, também não podemos incluir a psicanálise no campo da ciência sem antes fazer a crítica de sua prática instrumental, operacionalizada, não ecológica, tantas vezes associada e usurpada pelo capitalismo. O sujeito da psicanálise é o sujeito da ciência, assim como é o sujeito da política. A questão é saber onde estão a ciência do real e a verdadeira política. A brancura da ética e da ciência moderna ocidental foi questionada implicitamente pelos judeus que inventaram a psicanálise, e sua expansão pelo mundo contribuiu para colorir essa brancura de diversas formas, inclusive no Brasil. As expressões ideológicas de nossa divisão subjetiva podem ser revertidas desse modo para nos libertar daquilo que suprime, oprime e reprime a *associação livre*, termo-chave e radical da experiência psicanalítica.

Usualmente contamos apenas com o juízo moral crítico para repudiar os padrões de familiarismo e repetição de relações tóxicas, no amor e no trabalho. Com isso reforçamos a transformação traumática e o isolamento daqueles que sofrem nos polos indistintos da segregação e da opressão. Fazemos crítica moral do capitalismo. Criamos legiões de purificadores que dissociam e separam as lutas de liberação. Seu solo comum é um só, e ele está na base e raiz deste manifesto: o sofrimento humano. Hierarquizá-lo, manipulá-lo, usá-lo como capital simbólico, inverter suas razões, todas essas estratégias "reativas" passam ao largo da solidariedade e da escuta. Elas reforçam juízos e muitas vezes concorrem para aumentar a exclusão. Tanto a "velha esquerda", que se acredita proprietária das leis da história, como os novos movimentos sociais, que se imaginam livres de estruturas sociais, pela força da vontade e da disciplina discursiva individual, ignoram como na repetição inconsciente insistimos em formas de gozar com o próprio sofrimento.

As ilações idealizadas de grandes transformações, para "amanhã", geradas pela tomada de consciência imediata, ignoram a magnitude da tarefa, que a revolução coletiva demanda uma revolução subjetiva. A repetição de fracassos não é uma tarefa imediatamente descartável, ainda que acreditemos nas boas almas e suas boas vontades. Isso levou o movimento operário a ser "colonizado" pela ideologia e pelos valores da classe dominante. É também o que a experiência brasileira recente comprovou, amargamente, quando pensamos na estratégia política de inclusão à base do consumo. Se o inconsciente é a política, "esquecer o inconsciente nos faz esquecer a política". De fato, essa máxima parece se confirmar na geopolítica contemporânea, em que a tentação de aposentar a política se tornou repentinamente a saída. A luta de classe não é o ressentimento de classe. Assim como a legalização do consumo de drogas não é apoiar o narcotráfico. Assim como o ecocapitalismo, o capitalismo negro e o anarcocapitalismo não são lutas pela liberação. Apesar disso, o trabalho clínico psicanalítico não é o modelo alternativo para as lutas políticas de liberação. Ele propicia um tanto de distanciamento, certa experiência da divisão subjetiva e alguma relação alternativa com a repetição traumática, para que a própria experiência política e ativista seja possível e suportável subjetivamente. Ele aprende o valor significante das palavras e, com isso, a força de sobredeterminação representada pela linguagem. Ao final, isso representará um pouco de liberdade, o suficiente talvez para que a chama revolucionária passe adiante.

Uma liberdade espessa, densa, conquistada nos limites das estruturas, uma liberdade possível, é algo que faz toda a diferença quando estamos entre o tudo ou nada neoliberal. Uma liberdade que demanda trabalho, objetivo e subjetivo, que implica autolimitação, ética, que implica o reconhecimento de nossa paradoxalidade cultural, que, sobretudo, afirme que os outros 99% têm direito a viver e prosperar é a liberdade que este manifesto propõe, ao apontar a injustiça social como nosso maior e grande desafio.

Aqui a luta entre a sexualidade e a fetichização capitalista da sexualidade aparece como uma das lutas mais esquecidas em termos de emancipação social. Deixarmos de nos tratar como mercadorias sexuais, percebermos como o erotismo atravessa a maior parte de nossas atividades sociais, da educação à ciência, da cultura às artes, recoloca o problema agudo de nossa ética para o uso dos prazeres, tema totalmente dominado pelas máquinas discursivas e ideológicas de delimitação, distribuição e normalopatia em torno do prazer. A cooptação da pulsão pela pornografia, pelo objetificação da mulher e pela tirania dos corpos perfeitos denuncia que há muito a fazer em matéria das políticas do erotismo e do prazer, a partir da psicanálise.

As redes de atenção e suporte àqueles que entram na política "forçados" pelas práticas de exclusão demandam formar novas experiências comunitárias, compatíveis com o que se poderia chamar, para este momento, de democracia radical. Esses pequenos embriões de cooperativismo e de coletivismo, que acontecem como experiências múltiplas mundo afora, não podem desconhecer as experiências ou contraexperiências promovidas pelos psicanalistas quando se confrontaram, eles mesmos, com as questões genéricas sobre a gestão e a distribuição do poder. Deixando de lado o modelo orgânico e acessível da família ampliada, muitos tentaram evangelizar com a psicanálise, como se ela fosse um modelo político para todos. Contudo, a experiência prática com os poderes mobilizados pela transferência adverte o sujeito para sua disposição a se colocar nas mãos do outro, obedecer e servir. A experiência real com a transferência como dispositivo de relação com a verdade que emerge da mais profunda alienação, é de fato uma propedêutica política. Muitos prescindem dela, mas tantos outros podem se beneficiar disso em suas práticas ativistas, principalmente para não transformar o próprio sofrimento em capital identitário. O "ponto de vista" do analista demanda que ele não se prenda aos seus privilégios, à prerrogativa que ele possui para reproduzir a "forma poder" dentro da transferência. Que ele o faça, em qual extensão, em nome de qual discurso, ainda faz parte da sua profissão como impossível. Que ele o faça inadvertidamente, aqui estamos na falsa psicanálise, na impostura e no cooptação que este manifesto não cessa de denunciar.

Ao final, seria preciso reconhecer que uma prática condenada abertamente pelo *mainstream* e pelo *establishment* psiquiátrico e psicológico dos últimos 50 anos, recusada pela grande imprensa e destituída pela ciência oficial, continuar expansivamente presente em muitas culturas, como a brasileira, é sinal de mais insidiosa ideologia ou de resistência crítica. Eventualmente, as duas coisas. Ou seja, o analisante não é um modelo final para o libertado nem o protótipo do líder para os movimentos de liberação, mas permite mitigar a "tirania da ausência de estrutura", os ideais revolucionárias ingênuos e as forma hipervoluntaristas de engajamento político. Não há comunicação direta, purificada do desejo e da repetição inconsciente, feliz por ter superado o sintoma. Há apenas sintomas que passaram por uma análise, que reduziram sua idealização galopante, que reconheceram a história de seus conflitos de origem e de suas contradições.

Este manifesto vem em apoio a todas as clínicas públicas de psicanálise que se desdobram pelo Brasil afora, a todos os movimentos de luta e defesa da democracia, a todos os que de uma forma ou de outra lutam contra o ressurgimento do fascismo e da necropolítica neste país. Ele é também uma advertência a todos os psicanalistas "neutroficados", coniventes, isentos, que colaboraram, em alguma medida, para a ascensão do pior depois de 2018. Todos que se recolheram no trono de seus consultórios, com a boca cheia de dentes, esperando a morte (do outro) chegar. Todos que acham que há um lugar reservado no céu dos psicanalistas para aqueles que obedecem à demanda de ser bons cidadãos-analisantes, preocupados com suas imagens profissionais, com suas identificações de classe, gênero e raça, no poço escuro do inconsciente. Todos que estão administrando o curral de suas transferências, criando gado para a normalopatia política que nos tomou de assalto.

No primeiro *Manifesto surrealista*, de 1924, André Breton afirmava que, depois de Freud, o pesquisador humano não deve ser contentar com realidades sumárias e que a imaginação deve retomar seus direitos. Por que não a imaginação política?

"Mas é importante observar que nenhum meio está *a priori* designado para conduzir este empreendimento, que até segunda ordem pode ser também considerado como sendo da alçada dos poetas, tanto como dos sábios, e o seu sucesso não depende das vias mais ou menos caprichosas a serem seguidas."[11]

---

[11] BRETON, A. *Manifestos do surrealismo* [1924-1930]. São Paulo: Brasiliense, 1985. p. 23.

Este manifesto não pretende fazer um análogo surrealista com "*O surrealismo a serviço da revolução*", mas também afirma que não há protagonistas instituídos nem caminhos determinados nessa revolução, que, antes de ser uma revolução social, pretendia-se uma revolução na vida das pessoas. Por isso a palavra-chave deste manifesto é "transformação", e seu essencial reside na análise da sua natureza e de seu fracasso, subjetivo e objetivo. Por isso também ele é uma reedição de um manifesto ainda mais antigo que dizia: "Homem livre e escravo, patrício e plebeu, barão e servo, mestres e companheiros, numa palavra opressores e oprimidos sempre estiveram em constante oposição uns aos outros, envolvidos numa luta ininterrupta, ora disfarçada, ora aberta, que terminou sempre ou com uma *transformação* revolucionária de toda sociedade, ou com o declínio comum as classes em luta" (grifo nosso).[12]

Referências

ANDRADE, O. Manifesto antropófago. *Revista Antropofágica*, ano 1, n. 1, maio 1928.

BANISTER, P.; BURMAN, E.; PARKER, I.; TAYLOR, M.; TINDALL, C. *Métodos cualitativos en psicología*. Guadalajara: Universidad de Guadalajara, 2004.

BRETON, A. *Manifestos do surrealismo* [1924-1930]. São Paulo: Brasiliense, 1985.

BURMAN, E. *Developments: Child, Image, Nation*. London: Routledge, 2008.

---

[12] ENGELS, F.; MARX, K. Manifesto Comunista [1872]. In: *Manifesto do Partido Comunista*. Petrópolis: Vozes, 2003. p. 66.

ENGELS, F.; MARX, K. Manifesto Comunista [1872]. In: *Manifesto do Partido Comunista*. Petrópolis: Vozes, 2003.

LOPEZ, A.; PARKER, I. (Ed.). *Cyberpsychology*. London: Aardwark, 1999.

PAVÓN-CUÉLLAR, D. *Elementos políticos de marxismo lacaniano*. México: Paradiso, 2014.

PAVÓN-CUÉLLAR, D. *From the Conscious Interior to an Exterior Unconscious: Lacan, Discourse Analysis and Social Psychology*. London: Karnac, 2009.

PARKER, I. *Cultura psicanalítica: discurso psicanalítico na sociedade ocidental*. Aparecida: Ideias e Letras, 2006.

PARKER, I. (Ed.). *Deconstructing Psychopathology*. London: Sage, 1995.

PARKER, I. *Japan in Analysis: Cultures of the Unconscious*. London: MacMillan, 2008.

PARKER, I. *La psicologia como ideologia*. Madrid: Catarata, 2010.

PARKER, I. *Lacanian Psychoanalysis*. London: Routledge, 2011.

PARKER, I. *Psicanálise lacaniana: revolução na subjetividade*. São Paulo: Zagodoni, 2022.

PARKER, I. *Psychoanalysis, Clinic and Context: Subjectivity, History and Autobiography*. London: Routledge, 2019.

PARKER, I. *Psychoanalytic Mythologies*. London: Anthem, 2009.

PARKER, I. *Psychology after Psychoanalysis: Psychosocial Studies and beyond*. London: Routledge, 2015.

PARKER, I. *Psychology after Unconscious: from Freud to Lacan*. London: Routledge, 2015.

PARKER, I. *Qualitative Psychology: Introducing Radical Research*. London: Open University Press, 2005;

PARKER, I. *Revolution in Psychology: Alienation and Emancipation*. London: Pluto Press, 2007.

PARKER, I. *Revolutionary Keywords for New Left*. Winchester: Zero Books, 2017.

PARKER, I. (Ed.). *Social Constructionism, Discourse and Realism.* London: Sage, 1998.

PARKER, I.; RAVELLI, S. (Ed.). *Psychoanalytic Practice and State Regulation.* London: Karnac, 2008.

PAVÓN-CUÉLLAR, D.; LARA JR., N. (Org.). *Psicanálise e marxismo: as violências em tempos de capitalismo.* Curitiba: Appris, 2018.

PAVÓN-CUÉLLAR, D. *Elementos políticos de marxismo lacaniano.* México: Paradiso, 2014.

PAVÓN-CUÉLLAR, D. *From the Conscious Interior to an Exterior Unconscious: Lacan, Discourse Analysis and Social Psychology.* London: Karnac, 2009.

Apresentação

Este manifesto é para movimentos de liberação, para um mundo melhor. Foi escrito para e dirigido a indivíduos e coletivos que lutam contra a realidade opressiva, exploradora e alienante da nossa época. É sobre a relação entre essa malfadada realidade externa da vida atual e nossas vidas "internas", aquilo que podemos chamar de "nossa psicologia", o que sentimos "dentro de nós", o que parece – com excessiva frequência – resignar-se à realidade ou então – é o que esperamos – aquilo que pode rebelar-se contra ela. Precisamos rebelar-nos, em consideração aos outros e a nós mesmos.

Às vezes, temos a impressão de que nossa rebeldia não consegue sair de nós, ser liberada e converter-se em ação. É como se fosse algo que nos carcome por dentro e que pode afetar gravemente nossas vidas, a ponto de alguém nos dizer que padecemos de um transtorno psicológico.

Muitos dos nossos problemas são reduzidos à psicologia individual pela sociedade, pela cultura de massas, pelos meios de comunicação de massas e pelos profissionais *psi*, psicólogos, psiquiatras e outros, treinados para fazer exatamente isso, reduzir tudo ao psicológico. O resultado pode ser, por exemplo, que nossos problemas políticos acabem parecendo "psicológicos", mas não são. Como podemos repolitizá-los? Como lutar "fora" contra as raízes daquilo que sentimos "dentro"?

A relação entre o mundo pessoal, "interior", e o social, "exterior", é decisiva para os movimentos de liberação. Por isso esses movimentos podem se beneficiar da psicanálise, ela que dedicou mais de um século a explorar a íntima e complexa relação entre a realidade e o que sentimos no mais profundo e insondável de nós. Precisamos compreender a natureza dessa interconexão, com o auxílio de várias abordagens, entre elas a psicanálise, para lutar contra o que nos oprime, explora e aliena, mas também para construir uma alternativa prática ao capitalismo, ao sexismo, ao racismo e às novas formas de colonialismo.

Psicanálise

O que é a psicanálise? A psicanálise é uma prática terapêutica inventada por Sigmund Freud na Europa, no final do século XIX, como alternativa aos tradicionais enfoques médicos psiquiátricos para tratar do sofrimento. Em lugar de submeter as pessoas em risco de internação à medicalização e a terríveis tratamentos físicos, o psicanalista tem um encontro em seu consultório com seu cliente ou paciente, que chamamos de "analisando". A tarefa do psicanalista é *escutar* esse sujeito falante, oferecendo-lhe um estranho espaço confidencial para que fale daquilo que o afeta e ouça em seu próprio discurso conexões entre o passado e o presente que nunca antes havia observado.

As imagens clássicas de filmes de um analisando deitado em um divã são verdadeiras, mas há algo de enganoso em detalhes como o psicanalista fazendo anotações, emitindo um diagnóstico e proferindo sábias interpretações. A psicanálise apenas abre um espaço para que o analisando eventualmente faça interpretações que lhe pareçam verdadeiras e que depois operem como o motor da compreensão e da mudança. Isso pode levar um analisando a abordar apenas o "sintoma" que o conduziu ao psicanalista, mas pode também chegar a mudar sua vida. Neste manifesto, como veremos, somos bastante modestos em nossas afirmações em favor da psicanálise, mas acreditamos que se trata de uma alternativa terapêutica progressista em lugar da psiquiatria e da psicologia, e explicaremos por quê.

Nos capítulos a seguir descreveremos elementos cruciais da psicanálise: primeiramente, com foco na noção de *inconsciente*, vamos refletir sobre as diversas formas como nossas vidas obedecem inconscientemente a padrões repetitivos que então se repetem também na clínica; em seguida, vamos mostrar como essa *repetição* de padrões, às vezes dolorosos e autodestrutivos, é expressão de uma *puls*ão que pode nos empurrar para a vida ou para a morte; finalmente, examinaremos como a própria repetição é manejada como *transferência* pelo psicanalista. Insistiremos no fundamento clínico desses quatro elementos porque a psicanálise surgiu e se desenvolveu como um método clínico, e não porque tenhamos a intenção de promover o tratamento psicanalítico ou recomendá-lo aos nossos leitores. Nosso propósito é mais o de destacar aquilo que julgamos potencialmente revolucionário na psicanálise e que possa servir aos movimentos de liberação em suas lutas atuais.

Nosso interesse está na eficácia política progressista e revolucionária da psicanálise – a contracorrente de seus usos conservadores e reacionários –, e não na difusão da teoria ou da clínica psicanalítica. O máximo que nos permitimos é discutir se essa "clínica" pode ser um espaço potencialmente progressista para a prática política. Este livro é um manifesto. Não é outra introdução à psicanálise, entre as muitas existentes, mas um argumento em favor do vínculo entre psicanálise e revolução. Nossos leitores podem ler mais sobre o método e a teoria em outros textos introdutórios, mas a partir de agora levando em conta nossas advertências sobre a forma como a psicanálise tem sido adaptada e distorcida.

Outro mundo é possível, realizável, e, para que se realize, podemos usar a psicanálise como uma valiosa ferramenta. Usá-la como tal não significa importar a ideologia psicanalítica para dentro de nossas formas de luta ou imaginar que ela sempre estará conosco. A psicanálise apareceu com uma forma particular que podemos fazer funcionar para nós e também descartar depois que tiver cumprido seu papel.

A tarefa que nos propusemos é a de reconstruir a psicanálise como uma forma autêntica de "psicologia crítica" e como recurso eficaz para os movimentos de liberação. Qualquer leitor atento perceberá logo que somos bastante críticos em relação à psicologia como tal e às demais profissões psi. A exceção é a psicanálise, que pode nos levar além, mas desde que e quando seja concebida dialeticamente, reconhecendo suas falhas e desenvolvendo seus pontos fortes.

Nossa convicção é de que a psicanálise deve criticar e transformar a si mesma para que possa ser útil aos movimentos de liberação. Pensando nas necessidades específicas desses movimentos, examinaremos aqui, de maneira sucessiva, o papel do inconsciente, da repetição, da pulsão e da transferência na análise clínica e política. Abordaremos em cada caso questões relativas à mudança subjetiva e à transformação da realidade. Embora não evitemos a teoria, a *prática* será a chave. O que pudermos aprender sobre a prática clínica psicanalítica poderá ser conectado à prática de liberação.

Revolução

A meta da liberação, tal como concebida pelos movimentos anticapitalistas, anti-heteropatriarcais, antirracistas e anticoloniais, estará sempre presente no horizonte do nosso manifesto. As páginas a seguir são dirigidas aos movimentos de liberação e foram escritas pensando neles. Esses movimentos, que são contra a opressão e a exploração, contam com toda a nossa solidariedade. Nossa psicanálise também está em sintonia com o "negativo", com o que é "anti", com o que há em nós que nos permite rebelar-nos. E, como esses movimentos políticos, nossa psicanálise também desentranha um aspecto positivo do sujeito humano: a capacidade de parar e refletir, de mudar o mundo e torná-lo menos resistente à criatividade e à transformação.

O presente manifesto foi escrito em um momento de profunda crise político-econômica na qual o mundo simbólico, o mundo que todos habitamos como seres humanos, está sendo sacudido e perturbado, ao mesmo tempo que os mundos futuros que podemos imaginar e criar são impactados e ameaçados por enigmáticas forças reais materiais que operam completamente fora de nosso controle. O insondável substrato biológico do nosso ser, nossa incognoscível natureza, irrompe em nosso universo simbólico em momentos como este. Ao fazê-lo, exacerba as contradições sociais às quais estamos sujeitos, contradições que devemos entender e superar se quisermos resistir e sobreviver. Somos tanto mais fracos quanto mais divididos estamos diante do perigo.

Um vírus mortal, por exemplo, é uma ameaça a todos nós neste mundo, mas sua chegada mostra claramente que não somos afetados todos da mesma maneira, que não estamos todos juntos nisso. Aqueles que habitam os chamados "países menos desenvolvidos" padecem mais, aqueles que já sofrem de racismo morrem em maior número, e as mulheres confinadas em seus lares, as que têm lares, são mais vulneráveis a ataques violentos. Os oprimidos, os já incapacitados por essa sociedade ou os já fragilizados por ela têm menor probabilidade de sobreviver.

Foi durante o confinamento que elaboramos o presente manifesto. Sua elaboração exigiu múltiplas comunicações entre os autores, assim como consultas a companheiros ao redor do mundo. A escrita do texto foi difícil, e sua leitura também promete ser. Expomos algumas ideias que com frequência são consideradas "complexas" e que por isso são evitadas. Essas ideias não podem ser expressas por meio da narrativa fácil dos textos populares, e você verá que circulamos em torno das ideias-chave para tentar esclarecê-las. Repetimos afirmações-chave de uma maneira um pouco diferente em diferentes partes do texto para torná-las mais claras. Toda linguagem está escrita como uma forma de tradução. Gostaríamos, portanto, que nossos leitores traduzissem as páginas a seguir para a prática. Essa prática é necessária e urgente.

A maior parte da humanidade está em perigo sob um "capitalismo do desastre" que é fomentado pelos próprios capitalistas neoliberais, pois é favorável a eles. Essa forma de capitalismo, assim como as anteriores, mas em maior medida, não pode funcionar sem as crises que ele mesmo propicia. Qualquer motivo é uma boa desculpa para entrar no modo crise, pensam aqueles que são favorecidos por ele.

Uma crise como a que estamos conhecendo é de fato um desastre, uma catástrofe que brota do real e nos impacta, golpeando-nos no cerne daquilo que somos. Nada melhor que a psicanálise para entender a conexão íntima entre esse real, nossas tentativas de imaginar o que está acontecendo conosco e o universo simbólico que compartilhamos. Entender essa conexão requer uma crítica da ideologia, que deve estar vinculada ao que experimentamos, ao que sofremos como sujeitos, para que possamos atuar melhor e mudar a realidade. Trata-se de uma tarefa para a psicanálise, mas tem de ser uma tarefa política coletiva, e não individual, psicológica.

Nossa individualidade e sua psicologia fazem parte do problema. Temos de questioná-las. Precisamos de um tipo especial de crítica da psicologia, uma "psicologia crítica" que seja psicanalítica. Precisamos agora é da psicanálise.

1 · Introdução

Sofrimento, dialética e liberação

O que os *sintomas* nos dizem sobre o tipo de sociedade doente que não só intensifica esses sintomas, como também em alguns casos os produz? Como escutar esses sintomas? O que fazer para conseguir escutá-los? Aqueles que estão sob pressão, trabalhando em fábricas, escritórios, no comércio, nos campos, nas ruas e nos lares, podem sentir que precisam de um apoio prático e emocional em determinados momentos da vida. Talvez esse apoio seja particularmente necessário para os ativistas que lutam para mudar o mundo. O ativismo em movimentos de liberação é muitas vezes uma dura prova para pessoas que precisam romper com seu passado, abandonar os lugares a elas designados, enfrentar aquilo que as rodeia, questionar a si mesmas, desprender-se de suas identidades anteriores e renunciar às suas inércias e abrir mão dos privilégios que as levam a se apegar ao que já têm.

Às vezes, como no caso do 1% dos super-ricos, os privilégios que nos separam são enormes. No entanto, em geral, são surpreendentemente pequenos. O que surpreende é que, mesmo sendo tão ínfimos, possam ser tão importantes para nós. Sua atração é material, mas também "psicológica". Trata-se de algo que a psicanálise entende e que pode vir a transformar.

Temos de afrouxar nossas correntes psicológicas para perceber o que somos enquanto trabalhadores de tipos diferentes. Por maiores que sejam as diferenças entre nós, há o trabalho que nos une, aquilo que fazemos para viver, e devemos reconhecer isso para juntar nossas forças e ganhar o mundo. Continuaremos perdendo o mundo, até perdê-lo totalmente, enquanto permanecermos presos no interior daquilo que nos obrigaram a ser como indivíduos, ou presos em categorias de identidade que nos foram transmitidas.

Cada um deve liberar não apenas a si mesmo, mas se liberar de si, das categorias que o aprisionam ou da própria individualidade, que se converteu em um refúgio para escapar de um mundo triste, mas no qual estamos também aprisionados. Esse processo causa rupturas internas, e mesmo formas de trauma que podem ser examinadas, estudadas e tratadas com recursos como a psicanálise, inventada pelo médico vienense Sigmund Freud entre os séculos XIX e XX e aprimorados e desenvolvidos por seus discípulos e seguidores ao longo dos últimos 100 anos.

A história da herança freudiana é a de um tratamento único, sem paralelo, das rupturas internas na subjetividade moderna. É também a história de uma relação complexa, ambivalente e contraditória com a meta última da liberação. É uma história feita de avanços, desvios, rodeios e retrocessos. Já desde o princípio, Freud era um menino do seu tempo, imerso na ideologia sexista e racista e em sua própria formação psiquiátrica, mas conseguiu romper com as ideias dominantes sobre a psicologia e a natureza humana e abrir caminho a uma "psicologia crítica" potencialmente progressista.

Freud relacionou-se de maneira crítica ou cética com a esfera psicológica. Não aceitou essa esfera como algo dado, real e inteiramente manifesto, que pudesse ser conhecido de modo objetivo. Tampouco a viu como algo unitário, que seria sempre igual na própria pessoa e em todas. Isso lhe permitiu propor ideias valiosas sobre a natureza do sofrimento humano como algo histórico, sobre o processo dialético através do qual podemos entender esse sofrimento como algo condensado em *sintomas*, e sobre a relação entre compreensão e liberação.

Sintomas do sofrimento como fenômenos históricos

O que Freud fez foi compreender que aquilo que pareciam ser sintomas médicos que mantinham as pessoas psicologicamente bloqueadas eram "sintomas" de um tipo muito diferente. Esses "sintomas" não podiam mais ser explicados nem tratados pela medicina, e exigiam outros meios teóricos e práticos. A psicanálise, portanto, foi desenvolvida por Freud a partir das insuficiências da medicina. Embora Freud tivesse sido treinado como um "médico da mente" convencional, afastou-se completamente da psiquiatria e dos tipos de psicologia que tratavam e continuam tratando o sofrimento humano segundo um modelo médico mecanicista. Como veremos, diversamente dos sintomas da medicina, os da psicanálise não são apenas signos visíveis. São como palavras que exigem ser ouvidas, que falam de angústia e resistência e que abrem possibilidades de mudança.

O mundo pode ser transformado quando os sintomas são tratados como faz a psicanálise, ouvindo-os, levando-os a sério e agindo de acordo. A ação política transformadora, subversiva e potencialmente revolucionária pode surgir da palavra sintomática de nosso sofrimento, daquilo que não pode continuar como tem sido até agora, do que precisa mudar. É por isso que os sintomas são o ponto de partida do presente manifesto.

O que aqui nos preocupa especialmente é o vínculo psicanalítico entre a palavra e a ação, a ação política, a que tenta enfrentar e superar as causas históricas mais fundamentais de nosso sofrimento. A pressão e as rupturas internas que sofremos falam da natureza particular de nosso mal-estar nessa sociedade malfadada que tanto queremos mudar. Para mudá-la, a psicanálise é um aliado potencialmente poderoso.

Nossa principal tarefa é vincular nossa luta social ao tipo de luta interna inevitável descrita pela teoria psicanalítica. O propósito prático não é o fim terapêutico usual de nos curarmos, conseguindo ser pacificados, reconciliados internamente conosco e com a sociedade, mas é o fim político radical de ir à raiz da nossa luta interna. Isso faz com que a psicanálise que aqui nos interessa seja sensivelmente diferente de qualquer terapia individual readaptativa de inspiração psicanalítica.

A psicanálise, uma teoria e prática de nossas desgarradas e divididas "vidas mentais internas", com frequência tem se aliado ao poder, mas de fato proporciona uma crítica clínica e política da angústia. Não é algo que tenhamos de temer. Não foi concebida para nos subjugar ao nos adaptar à ordem estabelecida, para nos fazer desconfiar de nossos ideais transformadores, afastar-nos de nossas lutas coletivas, encerrar-nos dentro de nós ou bloquear nossa mais íntima resistência à dominação.

O que Freud nos legou não é um instrumento de atomização, resignação e sujeição. Sem dúvida, a psicanálise às vezes tem funcionado assim, como ocorre, por certo, com todas as abordagens profissionais de nossa vida mental. Isso não é surpreendente na sociedade de classes, que separa os curadores profissionais do resto das pessoas, atribuindo-lhes uma função precisa vinculada ao poder.

A psicanálise também nos ensina que o profissional, seja médico, psiquiatra, psicoterapeuta ou psicólogo, também se vê dividido em sua existência conflituosa. Pode lutar por uma carreira bem-sucedida, mas às vezes também relembra aquilo que o levou inicialmente a tomar a decisão de cuidar dos outros. Todos vivemos essas tensões de uma maneira ou outra. Procuramos administrá-las e geralmente as ocultamos. A questão-chave é o que fazemos com esses conflitos e contradições, se vamos orientá-los para que funcionem a nosso favor ou contra nós.

Apesar de ter sido utilizada em um sentido reacionário, a psicanálise não é reacionária em si. Não é necessariamente um instrumento de dominação. Ao contrário, pode ser uma arma contra o poder. É possível para ela mostrar como nossa própria psicologia está colonizada pela realidade, a realidade miserável de nossa vida no capitalismo, e como podemos falar e agir contra essa psicologia individualizada à medida que nos envolvemos na própria liberação.

Somos mais que a "psicologia" que nos atribuem os profissionais da saúde mental. Não estamos condenados a ficar fechados dentro de nossa individualidade nem a suportar a realidade, nem o seu sofrimento, nem o sistema capitalista. Dizem-nos que não podemos mudar a coisas, mas podemos, sim, e precisamos de um enfoque que esteja baseado na possibilidade de mudança.

Adaptação

A psicanálise, uma abordagem crítica psicológica do sofrimento e um tratamento radical no início do século XX, já foi uma aliada aberta da esquerda. Agora opera com frequência como uma ferramenta de *adaptação*. A maioria dos psicanalistas eram membros ou simpatizantes de movimentos comunistas ou socialistas antes de suas organizações serem destruídas pelo fascismo na Europa e antes de eles mesmos precisarem fugir e se exilar em diferentes países. Esses psicanalistas estavam comprometidos com uma luta para mudar o mundo, porque podiam ver e ouvir de seus pacientes a miséria que havia nele.

Os "sintomas" ouvidos pelos primeiros psicanalistas não eram meros indícios de problemas orgânicos. Eram sinais de conflitos, não apenas pessoais ou familiares, mas também ideológicos, políticos e históricos. Os sintomas eram eles mesmos conflitos condensados e expressos em uma espécie de palavra dirigida aos demais – fala. Eram o que a psicanálise sabe escutar.

Com o passar do tempo, como veremos agora, muitos psicanalistas foram perdendo a arte de ouvir. Sua escuta às vezes cedeu lugar a um olhar objetivador e classificador. A psicanálise foi se convertendo em uma especialidade médica ou psicológica. Sua prática tornou-se uma simples "técnica" pretensamente científica e deliberadamente despolitizada.

Até mesmo os primeiros psicanalistas, ao chegarem aos países onde foram se exilar e nos quais viveram em condições bastante hostis, tiveram de renunciar à militância política e proteger-se da perseguição anticomunista característica dos países ocidentais entre os anos 1930 e a Guerra Fria. Fingiram ser apolíticos e se adaptaram assim à sua nova realidade, e por esse mesmo gesto despolitizaram e adaptaram a psicanálise, convertendo-a em um tratamento adaptativo. Essa adaptação tem sido crucial para a história da psicanálise como modalidade de tratamento clínico e para o lugar que ocupa na cultura popular.

Os conflitos dos quais os sintomas falavam passaram a ser vistos como problemas que teriam de ser resolvidos no nível pessoal. Isso garantiu que a política se mantivesse fora da clínica. Depois, quando as ideias psicanalíticas foram equivocadamente "aplicadas" à sociedade, foi essa psicanálise adaptativa que serviu de modelo para descrever como funcionavam as sociedades.

Durante esses tempos sombrios, tempos verdadeiramente obscuros tanto para os psicanalistas quanto para os seus pacientes, foi quase como se tivéssemos chegado ao final da história das propostas radicais e inovadoras de Freud. Alguns praticantes lutaram para seguir adiante, enquanto alguns teóricos sociais tentaram empregá-la para compreender as condições históricas subjacentes que a haviam levado a esquecer seu passado. Quase todos compreenderam muito bem, de um modo ou de outro, que a psicanálise havia se rendido, havia se deixado absorver e domar, adaptando-se e tornando-se adaptativa. Agora precisamos liberar a psicanálise de seu vínculo conjuntural com a adaptação, retomar seriamente seu autêntico núcleo histórico radical e devolvê-la à vida.

Se devemos rechaçar a psicanálise adaptativa, é porque se tornou algo conservador, algo que renunciou ao seu potencial transformador. Não possibilita mais transformar, mas apenas adaptar-se e assim aceitar e perpetuar a realidade tal como é, por mais opressiva, exploradora e alienante que seja. Por exemplo, embora o capitalismo seja injusto e intolerável, adaptamo-nos a ele como se fosse nosso ambiente natural, como se não fosse histórico e, portanto, superável.

O problema da psicanálise adaptativa não é só que naturalize a ordem das coisas, fazendo essa ordem parecer natural em vez de histórica, mas também que nos faça ver o mundo como um "ambiente" externo separado de cada um de nós. Isso nos impede de reconhecer que fazemos parte do mundo, estamos nele, somos ele e por isso podemos transformá-lo ao nos transformarmos, e que também podemos nos transformar ao transformá-lo. Fazemos parte da natureza ecologicamente interconectada deste mundo e estamos conectados uns aos outros, somos responsáveis uns pelos outros, como explorados e oprimidos e como companheiros de luta, o que pode ser experimentado tanto em uma psicanálise não adaptativa quanto por meio de formas emancipatórias de ação coletiva. Tanto na análise quanto ao atuar coletivamente, sentimos que o mundo e seus habitantes constituem o mais íntimo de nós, e não um mero "ambiente".

Todo movimento de liberação aprende em algum momento que há uma diferença crucial entre "ambiente" e "ecologia". Essa diferença fica explícita quando tais movimentos conectam sua luta à compreensão ecossocialista do nosso mundo. Falar de "ambiente" é falar do mundo como algo separado, à parte de nós, ao qual aprendemos então a nos ajustar ou a dominá-lo, enquanto a "ecologia" se refere à interconexão íntima entre nós e o mundo. Nossas vidas estão unidas em redes de solidariedade e consciência política de uma maneira tão ecológica, tão estreita e interpenetrada, que sentimos a dor dos outros em sua luta e sabemos que, ao tentar dominar e explorar os demais, sejam humanos, seja outros seres sencientes, estamos apenas piorando este mundo. Essa consciência ecológica de nosso vínculo com os demais está no coração da psicanálise.

Os indivíduos, tal como concebidos pela psicanálise, não estão verdadeiramente sós, isolados e separados uns dos outros. Formamos parte da vida dos demais, e nossas ações e palavras podem ter consequências fatais para eles. De algum modo sabemos ser tão responsáveis por eles como somos por nós. Nossos vínculos não são apenas "exteriores". Os outros não estão apenas "fora", em volta de nós, mas também "dentro", em cada um de nós, naquilo que pensamos, dizemos e fazemos. Em nossos gestos há rastros dos outros, assim como em nossas palavras e ideias há também ecos de outras vozes. As relações que tivemos com os outros no passado não só reaparecem nas relações presentes, mas também se entrelaçam em cada um de nós e nos fazem ser como somos. A constituição do indivíduo é social e cultural, mas é também histórica, o que o leva a se transformar incessantemente.

Assim como as condições de opressão, exploração e alienação em que vivemos foram historicamente produzidas – o que abre a possibilidade histórica de superá-las –, também as formas alienadas particulares de nossa psicologia são fruto da história e, portanto, podem ser deixadas para trás. Isso apesar de a maioria dos psiquiatras, psicólogos e psicoterapeutas afirmarem que trabalham com as propriedades essenciais e imutáveis da vida mental. Porque, na realidade, seu trabalho se dá sobre fatores extremamente variáveis, determinados pela cultura, pelo momento histórico, pelas relações sociais, pelos ideais de certa sociedade e pela biografia única de cada sujeito.

Os psicanalistas conservadores, que defendem a adaptação, junto à maioria dos profissionais de saúde mental, fazem uma representação da existência humana como algo estático, negando seu caráter histórico e sua constante mudança. Isso se revela ainda mais curioso e reacionário na sociedade atual, na qual tudo se transforma de forma incessante e vertiginosa, onde tudo o que é sólido parece se desmanchar no ar. Nós mesmos temos de ser flexíveis e aprender a existir a cada momento de maneira diferente, mas os profissionais psi fixam nossa existência em seu lugar, estudam-na e tratam-na como se fosse um objeto, traindo assim o que é mais radical e transformador e mais característico da nossa natureza humana.

A imagem que as profissões psi nos apresentam de nossa natureza é a de uma máquina complicada. É o animal bruto, aquele puro mecanismo instintivo, que só existiu na imaginação dos seres humanos para que se sentissem superiores a ele. Quem poderia prever que esses mesmos seres humanos acabariam confundindo-se com sua degradante representação da animalidade? É como se a velha degradação do animal que contrasta com o ser humano tivesse servido para preparar sua atual degradação na psicologia e em outras profissões psi, entre elas a psicanálise conservadora.

A psicanálise radical, ao contrário, ensina-nos que é inerente à natureza humana refletir sobre suas condições sociais e tentar continuamente transformá-las e transformar-se. Tentamos mudar, mas falhamos, e a psicanálise radical, junto à prática política radical, pode chegar a nos mostrar por que falhamos e como estamos presos aos ideais dominantes da sociedade e à biografia única de cada um de nós. Fica claro que não estamos sendo capazes de fazer desaparecerem as condições que nos levam a ser quem somos nem os obstáculos internos que nos prendem à nossa opressão e nos incitam até a desejá-la, ao mesmo tempo que nos ressentimos e tentamos escapar dela. Talvez não possamos nem sequer nos liberar inteiramente de nosso desejo da opressão, mas podemos conhecê-lo, discerni-lo quando ele intervém, quando irrompe e nos bloqueia, e esse conhecimento pode ser o primeiro passo para nossa liberação.

Desejar a opressão é algo muito peculiar e um dos paradoxos mais dolorosos da subjetividade. É bem mais fácil fingir que não existe tal paradoxo, mas cedo ou tarde tropeçamos nele, e o tropeço pode comprometer nossa luta pela liberação. É possível que no final, atendendo ao nosso desejo, acabemos criando novas formas de opressão para substituir aquelas das quais nos liberamos. Para evitar isso, precisamos levar a sério o que nos faz regressar ao ponto de partida, o que nos detém e arrasta para trás quando queremos avançar. Precisamos levar a sério tudo isso, não para culpar a vítima desse processo como fosse simplesmente psicológico e inevitável, mas para compreender a natureza contraditória de cada um de nós como seres humanos nesse malfadado mundo.

História

O enfoque psicanalítico, assim como o marxismo e outras abordagens teóricas ao poder e à emancipação, apareceu em um período histórico específico, a fim de conceber, entender e resolver uma série de problemas historicamente constituídos. Precisamos entender a *história* da psicanálise dentro da própria história e nos apropriarmos dela. Fora do contexto histórico dos últimos dois séculos, a psicanálise não teria todo o sentido que tem para nós. O mesmo aconteceria com o marxismo se o levássemos a outra época.

É difícil imaginar, por exemplo, o que teriam feito os escravos insurretos na antiga Roma com as análises marxistas da "mais-valia", aquilo que o capitalista subtrai do trabalhador, ou com as tentativas de construir partidos revolucionários e associações internacionais. O moderno proletariado industrial não existia na época de Espártaco. Libertar-se da escravidão não era o mesmo que se libertar da exploração do trabalho assalariado. É por isso que o marxismo só começou a ser útil quando o capitalismo se impôs no mundo como o modo dominante de produção. Da mesma forma, somente após o desenvolvimento dos Estados coloniais e do imperialismo é que surgiu a necessidade de movimentos de liberação anticolonial e anti-imperialista. Cada movimento político surgiu para combater condições particulares de exploração ou opressão.

Quando à psicanálise, ela foi inventada para tratar "sintomas" específicos da sociedade moderna. Esses sintomas são tão históricos, tão historicamente determinados, quanto a estranha representação freudiana do psiquismo. O "inconsciente", por exemplo, está ligado à forma muito peculiar de alienação que sofremos na modernidade capitalista.

A alienação no capitalismo produz conflitos "internos" que podem ser invisíveis como tais, mas que não deixam de ser conhecidos por seus efeitos, por aquilo que motivam nas pessoas, ou seja, seus sofrimentos inexplicáveis, o desarranjo em suas vidas, suas decisões absurdas ou ações erráticas, às vezes destrutivas ou autodestrutivas. Tudo isso é patente na atual experiência do trabalho. Os sujeitos estão a tal ponto encerrados em sua atividade de trabalho que repetem incessantemente os mesmos tipos de tarefa, e sua experiência de vida estrutura-se de um modo repetitivo particular que está além de seu controle.

Os trabalhadores, todo mundo que trabalha hoje, veem-se impulsionados a fazê-lo por imperativos econômicos, de maneira que sua "pulsão" de trabalhar e de sobreviver está ligada à esfera da economia e especificamente ao capitalismo. A dominação capitalista molda as relações de poder que nos vinculam uns aos outros e que repetem relações de poder anteriores, de modo que essa repetição é impulsionada inconscientemente e depois reaparece como aquilo que os psicanalistas chamam de "transferência" dentro da clínica. Abordaremos cada um desses temas neste livro e, por meio deles, mostraremos que a psicanálise interpreta os sintomas como indicadores do nosso mal-estar na sociedade particular em que vivemos.

Os sintomas aparecem de tal maneira que a psicanálise, uma invenção histórica, permite-nos lê-los como aquilo que são, como conflitos na vida pessoal e como expressão de conflitos sociais. Uma sociedade particular e uma pessoa singular nessa sociedade são o que torna manifestos os problemas de modo sintomático. Sintomas são tanto um indício de que alguma coisa anda mal na sociedade quanto uma mensagem a respeito de como o sofrimento surge em cada sujeito separado.

Sujeitos

Aqui, neste manifesto, vamos nos referir aos seres humanos como "sujeitos", porque o termo "indivíduo", além de redutor, implica erroneamente que nossa subjetividade seja indivisa, que se opõe à sociedade e que está separada, isolada, encerrada na individualidade. Um "sujeito" é mais que o indivíduo, inclui outras pessoas, está aberto ao mundo social, atravessado e dividido pela exterioridade como seu espaço ecológico para ser. Um sujeito está em contradição consigo e por isso pode ser um agente e fonte de mudança, seja no nível psicológico da pessoa individualmente, seja no nível político do processo coletivo.

O sujeito pode ser um agente histórico, mas também é vítima e produto da história. Os acontecimentos nos afetam e nos determinam de maneiras diferentes, que podem ser abordadas atualmente por meio da psicanálise. O pensamento psicanalítico é um dos recursos mais potentes de que dispomos para entender e mudar nossa experiência nos tempos modernos. Aquilo que estava acontecendo conosco como sujeitos na modernidade tardia, entre os séculos XIX e XX, de repente ganhou, com a teoria freudiana, um sentido radicalmente novo. Foram forjadas algumas denominações médicas para o nosso sofrimento e, ao mesmo tempo, inventou-se a psicanálise para lidar com elas, para se rebelar contra o que elas significam, para transformar esse sofrimento.

A psicanálise continua sendo um dos melhores meios para entender nossos sintomas de infelicidade na vida sob o capitalismo avançado, neoliberal, com suas manifestações coloniais, racistas e sexistas. Esses sintomas, que operam inconscientemente e depois encontram expressões distorcidas nos sintomas visíveis observados por médicos e psicólogos, têm profunda conexão com a trama de nossas biografias individuais e com as atuais condições de vida. É nesse duplo sentido que os sintomas são fenômenos históricos: por um lado, produzem-se na história pessoal de cada indivíduo; por outro, sua forma geral está estruturada pelo tipo histórico de sociedade em que vivemos.

Nosso passado e nosso mundo nos assombram, adoecem-nos e nos transtornam. Isso ocorre não importa se estamos totalmente enfeitiçados pela ideologia, acreditando que este é o melhor dos mundos possíveis e não há por que se preocupar, ou se somos um ativista que sabe que as coisas estão mal e precisam mudar. A contradição e o conflito atormentam a todos e penetram fundo em nós, dilaceram, abrem caminho insidiosamente e então tomam a forma de sintomas que podem ser dolorosos e aparentemente inexplicáveis.

A psicanálise é dialética:
nem psicologia nem psiquiatria

O tortuoso caminho da história do enfoque psicanalítico seguiu paralelamente ao desenvolvimento da psicologia entendida como especialidade científica ou pseudocientífica e como disciplina profissional e acadêmica. Essa psicologia não deve ser confundida com a psicanálise. Embora com frequência tenha conseguido absorvê-la, diverge dela em suas premissas, ideias, métodos e objetivos. A psicologia, na realidade, está constituída por muito daquilo que tentamos resolver por meio da psicanálise. Do ponto de vista psicanalítico, a esfera psicológica é problemática.

A psicologia toma forma como uma experiência ilusória, enganosa e inclusive delirante, ou seja, a experiência de cada um como *eu*, como indivíduo separado, indivisível e unitário, capaz de se conhecer e controlar como se fosse um objeto. Esse modelo psicológico do *self* é justamente parte do problema, pois leva a pessoa a imaginar que é responsável por tudo o que experimenta, incluindo o desagradável e o não desejado, o que pode fazê-la sofrer ainda mais por se sentir "dividida", por vislumbrar que há uma dimensão inconsciente na sua vida. Tal divisão, que afeta a todos nós, é reconhecida pela psicanálise e negada pela psicologia. Sua negação acoberta nossa alienação e nos impede de resistir àquilo que nos aliena. Contribui assim para aquilo que nos domina como se fosse "por dentro", para nos manipular e reprogramar ideologicamente.

Um problema-chave que enfrentamos agora é o da construção histórica de uma experiência individual isolada que não corresponde à nossa existência social, não se reconhece em seus sentimentos e pensamentos, não tem poder nem sentido por si e por isso é vulnerável à dominação, à manipulação e à reprogramação ideológica. É esse o problema da psicologia separada da natureza compartilhada e coletiva de nossas vidas como seres humanos. É, em sua raiz, o problema do individualismo na sociedade capitalista e suas expressões psicológicas.

Psicologia

A disciplina acadêmica da *psicologia* dedica-se a manter cada *self* individual como uma esfera psicológica à parte, como a experiência de sua própria psicologia, como a de cada trabalhador isolado em relação aos demais. A psicologia, tanto a disciplina acadêmica profissional como a noção de nossa psicologia individual indivisa que essa disciplina busca manter, formou-se ao mesmo tempo que o capitalismo e difundiu-se com ele pelo mundo. A expansão capitalista mundial tem sido também uma propagação global de seus dispositivos psicológicos, não só em instituições universitárias e de saúde, mas também em todas as esferas da vida. Tudo tende a assumir um tom psicológico. Esse processo de *psicologização* implica mecanismos de atomização, dessocialização, despolitização, des-historização, patologização, incriminação dos indivíduos e adaptação à sociedade capitalista.

Sim, vivemos hoje sob o capitalismo globalizado, sob o brutal sistema capitalista neoliberal, mas, para entender como funciona esse sistema, precisamos de algo mais do que um simples nome para o problema. Como a psicanálise nos ensina – e não apenas a psicanálise –, não faz sentido falar da vida no capitalismo, na sociedade de classes especificamente capitalista, sem nos referirmos também ao sexismo, ao racismo e às múltiplas formas de opressão que incapacitam as pessoas. A psicanálise radical já é "interseccional", abordando o profundo vínculo subjetivo entre as diferentes formas de opressão combatidas pelos vários movimentos de liberação.

Liberar-nos das experiências opressivas de classe, raça e sexo requer que sejam combatidas igualmente "dentro" de nós. Aqui, na esfera subjetiva, o oprimido aparece não só como o afetado, mas também como aquele que se resigna ou se adapta à opressão. Essa adaptação, que sustenta e perpetua o que nos oprime, é muitas vezes encarada como "saúde mental" pelos psiquiatras e psicólogos.

Estreitamente vinculada a um modelo médico-psiquiátrico de enfermidade, a psicologia desenvolveu-se no mundo todo como uma ferramenta psicoterapêutica útil para adaptar as pessoas à realidade em vez de lhes permitir mudá-la. O dispositivo psicológico-psicoterapêutico recolhe a maior parte da bagagem ideológica histórica da psiquiatria médica e alega humanizá-la, ao se concentrar em manifestações sintomáticas mensuráveis, observáveis na conduta das pessoas, em vez de nos sintomas de suas perturbações psíquicas invisíveis. Esse deslocamento da enfermidade para o comportamento não é um grande passo adiante. A insignificância desse avanço pode ser apreciada quando o julgamos a partir da perspectiva psicanalítica, na qual nem tudo se reduz ao que pode ser observado e aliviado.

A psicanálise conseguiu romper com a psiquiatria. Mas a herança médica psiquiátrica ainda está presente na psicologia, mesmo quando os psicólogos se apresentam como amigáveis, como progressistas e "psicoterapêuticos". De qualquer modo, é preciso ter clareza das importantes diferenças teóricas, assim como das disputas de status profissional entre psiquiatras, com formação médica; psicólogos, que têm os próprios modelos reduzidos de comportamento e pensamento; e psicoterapeutas, que mesclam e combinam quaisquer perspectivas que pareçam funcionar para aliviar a angústia e para fazer as pessoas se encaixarem de novo no mundo.

De momento, são os psicólogos que estão no centro do palco com suas alegações de *expertise* científica. Consideram-se os mais eficazes e comparam sua eficácia com a atribuída à psiquiatria, à psicoterapia e à prática psicanalítica. Seria mais fácil para nosso propósito de defender o valor da psicanálise se a psicologia não funcionasse. O problema é justamente que ela funciona. A psicologia funciona porque se encaixa muito bem nas relações sociais de opressão e exploração. Digamos que funciona muito bem para adaptar as pessoas de modo que mantenham este mundo funcionando sem problemas. A própria psicologia funciona sem problemas até que aparecem os sintomas, que depois ela mesma tenta acalmar por meio de suas supostas habilidades psicoterapêuticas.

A difusão da psicologia em todo o mundo e na vida cotidiana vem provocando uma redução, contração e simplificação da experiência, da nossa forma de sentir, pensar e falar a respeito de nós mesmos. Nosso comportamento se parece cada vez mais com o das caricaturas psicológicas simplistas da existência humana que nos rodeiam por todos os lados. Essas caricaturas são difundidas por meios como o cinema e a televisão, revistas e jornais, *best-sellers* e manuais de autoajuda, pela psicoterapia, a reprogramação emocional, o *coaching* nas empresas, as opiniões dos especialistas, as redes sociais e até as igrejas pentecostais.

Todo o entorno cultural está saturado de representações psicológicas simplistas altamente funcionais para o sistema capitalista. Com certeza, reconhecemo-nos nelas, mas não porque sejam fiéis a ponto de refletirem como poderíamos ser. O que ocorre é que são tão poderosas que nos levam a refleti-las, a corresponder a elas, a vivenciá-las naquilo que somos no momento em nossas miseráveis condições de vida.

A psicologia é tão bem-sucedida porque consegue estender-se através de nossa existência e confirmá-la do jeito que é agora. Às vezes essa existência parece até materializar conceitos das grandes correntes psicológicas, como a behaviorista, a humanista, a cognitiva e até mesmo a psicanalítica. Os consumidores, por exemplo, aprenderam a reagir a estímulos publicitários, identificar-se com a natureza humana que lhes é vendida, processar a informação requerida para comprar e render-se às pulsões ocultas que os empurram ao consumismo.

Existem até versões psicanalíticas bem-sucedidas da psicologia, como também versões psicanalíticas da psiquiatria. Devemos nos proteger dessas imposturas, que são capitulações à "normalidade" e distorções ideológicas do que deveria ser um enfoque radical e liberador. A psicanálise não pode se tornar psiquiatria ou psicologia sem deixar de ser o que é, sem perder sua utilidade para os movimentos de liberação e mesmo se tornar prejudicial a eles, não só despolitizando ao psicologizar ou psiquiatrizar, mas também contribuindo para adaptar e subjugar em vez de liberar.

É possível adulterar e degradar a psicanálise ao fazê-la funcionar como a psicologia, no sentido de ajudar os sujeitos a serem o que precisam ser para se inserir da melhor maneira no capitalismo. No entanto, se queremos preservar a psicanálise como aquilo que ela é e pode ser, precisamos separá-la desse processo e mostrar de que maneira ela pode nos permitir resistir a ele. A própria psicanálise, devido à história de adaptação a que tem estado sujeita, acabou envolvendo-se com a ideologia, mas ela se rebela. É como se a psicanálise fosse ela mesma um sintoma de opressão que agora pode falar, e no processo de bem falar da psicanálise podemos liberá-la e liberar a nós mesmos.

A psicanálise está cindida pelo conflito. Ela fala de conflito em sua abordagem de nossa natureza humana construída historicamente. Surgiu em um momento histórico preciso, refletindo as necessidades, inclinações e aspirações contraditórias de um tipo de sujeito humano que leva em seu interior as contradições de nosso mundo. É também por isso que podemos falar da psicanálise como um sintoma.

O enfoque psicanalítico não só se ocupa de manifestações sintomáticas do sofrimento do sujeito, mas também é ele mesmo um sintoma. É tão contraditório quanto aquilo que aborda. É por isso que, no momento em que pedimos à psicanálise que trate da natureza contraditória da vida sob o capitalismo e atenda aos sintomas presentes hoje na sociedade, também exigimos dela que seja uma "psicologia crítica" reflexiva, capaz de examinar a si mesma. Devemos analisar o que faz a psicanálise se adaptar à sociedade e o que lhe permite resistir e converter-se em algo subversivo e liberador.

Conflito

O que ocorre com a psicanálise é o mesmo que ocorre com a subjetividade que traz um sintoma nela mesma. Os sujeitos estão afligidos por *conflitos*. Encontram-se habitualmente aprisionados em relações opressivas daninhas, enredados em um padrão de experiência particular, biograficamente distinto em cada caso. Isso é o que vem definir quem são, o que os torna reconhecíveis como a mesma pessoa para si mesmos, para sua família e amigos. O que distingue cada um é algo inconsciente em que está capturado, algo resistente e repetitivo, assim como contraditório, conflitivo. Há um conflito interno que se concretiza no sintoma próprio de cada pessoa. Esse sintoma pode paralisar a pessoa e impedi-la de se transformar e de modificar as relações que a oprimem e prejudicam. A mudança costuma ocorrer quando acontece algo dramático ou traumático, algo que rompe os padrões mantidos inconscientemente, e a mudança social é um grande fator para estimular uma mudança individual.

O processo de mudança e a cristalização do conflito no sintoma podem ser entendidos dialeticamente. O conflito é o que nos captura, o que nos imobiliza, mas é ao mesmo tempo o que nos move a solucioná-lo e liberar-nos dele. Nosso movimento de avanço é tanto impulsionado como estorvado pelo conflito. Ele nos faz movimentar-nos pouco a pouco, avançar e tropeçar, mudar sem mudar quase nada, mas as pequenas mudanças de repente produzem uma transformação, algo que é particularmente aparente quando há uma série de pequenas mudanças que de repente levam a uma transformação, isto é, mudanças quantitativas que se acumulam e preparam o caminho para uma mudança qualitativa. Isso ocorre no nível político quando uma luta coletiva sustentada conduz finalmente, depois de anos de esforço, a novas possibilidades e ao surgimento de novas formas de subjetividade. O mesmo ocorre na clínica quando o sintoma se manifesta como um conflito aberto e exige uma decisão a respeito de como continuar levando a vida. Como podemos comprovar nesse caso, o sintoma é um obstáculo, mas também, dialeticamente entendido, é uma oportunidade.

O sintoma é uma oportunidade para mudar, e não só para se conhecer. É por isso que não deve ser eliminado, como fazem habitualmente psicólogos e psiquiatras, que desse modo podem garantir que nada seja descoberto e que tudo continue igual. Para se descobrir e se transformar, é preciso escutar o sintoma com a maior atenção, como é feito na psicanálise.

As pessoas recorrem ao psicanalista não porque têm sintomas, já que todos são afligidos por sintomas nesta sociedade enferma, mas porque os sintomas se tornam insuportáveis, porque há um iminente deslocamento do sofrimento quantitativo para alguma forma de mudança qualitativa. Uma das tarefas da psicanálise clínica é orientar o tratamento de tal modo que essa mudança qualitativa se torne possível para o sujeito, que lhe seja apresentada sob a forma de uma oportunidade para reflexão e para tomar uma decisão a respeito de como viver a própria vida, em vez de cambalear à beira do colapso e do desespero. A psicanálise ajuda o sujeito a não ser sobrepujado nem vencido por aquilo que se manifesta no sintoma, a superá-lo, o que só é possível ao escutá-lo e agir a partir disso. O sintoma é de natureza dialética, e a psicanálise é um enfoque dialético que ajuda o sujeito individual a tomar um novo rumo, em direção à adaptação ou à liberação.

Para ser liberadora, a psicanálise tem de ser liberada. Precisa se liberar daquilo que ela não é nem está destinada a ser. Deve depurar-se do sedimento de mistificações, preconceitos, valores morais nocivos, dogmas, estereótipos e ilusões que foram sendo injetados e depositados nela e que neutralizam seu potencial progressista e a convertem em um enfoque instrumentalmente útil para o capitalismo, para o colonialismo e para as relações de gênero opressivas. O enfoque psicanalítico tem sido instrumentalizado nos vários contextos aos quais tentou se adaptar. Esses contextos imbuíram a psicanálise com suas normas, crenças, preconceitos e valores, exigindo que ela moderasse suas reivindicações radicais e fizesse concessões. Assim, ao longo de sua história, a psicanálise foi perdendo sua radicalidade ao se ver inoculada com todo tipo de conteúdo ideológico reacionário. Tal conteúdo, que inclui venenosas noções de uma suposta diferença subjacente essencial entre a sexualidade masculina e a feminina, e na relação de gênero entre ambas, está incorporado à psicanálise como uma forma de prática, uma prática de fala. Isso é grave, porque a psicanálise é ela mesma uma "cura pela palavra", que nos mostra como o que dizemos está conectado ao que fazemos.

Os conflitos e as contradições de nossa sociedade de classes são indissociáveis de nossas palavras, mas também de nossa vida sexual, que, assim como nossas palavras, encontra-se no centro da psicanálise. Tentaremos explicar nas páginas seguintes por que é assim, e elucidar também como é que a psicanálise se centrou na sexualidade, justamente porque essa sexualidade já era vista como o núcleo de nossas vidas.

Falamos de sexo, e é por isso que a psicanálise é tão conhecida, mas por quê? Se a família nuclear foi experimentada como o coração de um mundo sem coração quando o capitalismo se desenvolveu, a sexualidade foi vivida como a parte mais íntima e secreta de nós mesmos. No entanto, a vida sexual não só foi "reprimida", escondida como algo vergonhoso e rechaçada como algo mau, como também foi estimulada, exigida. Foi, portanto, convertida em uma obsessão, e também em nosso ponto mais frágil, em uma ferida aberta, constantemente irritada, que serve para nos dominar em uma lógica heteropatriarcal.

O patriarcado é sempre heteropatriarcado. É sempre heteronormativo, isto é, torna a heterossexualidade obrigatória como base do contrato social íntimo de nosso mundo globalizado. O patriarcado impõe o poder dos homens sobre as mulheres, mas também dos homens mais velhos sobre os jovens, além de excluir ou apenas tolerar as diferentes formas de sexualidade. É esse o caso mesmo quando o capitalismo patriarcal utiliza uma versão distorcida do discurso feminista contra a esquerda ou quando converte as diversas preferências sexuais em um nicho de mercado.

Assim como o capitalismo patriarcal pode instrumentalizar o feminismo e a diversidade sexual, absorvendo e distorcendo essas posições radicais e colocando-as contra nós, também pode converter a psicanálise em seu instrumento para normalizar e explorar nossa vida sexual. Nossa sexualidade, portanto, corre o risco de ser afetada pelo discurso patriarcal não só no domínio cultural, mas também no ambiente clínico psicanalítico. Podemos agora expurgar da psicanálise esse veneno ideológico, permitindo-lhe falar por nós e não contra nós e em lugar de nós.

Diversamente da psicologia, da psiquiatria e da maior parte das formas de psicoterapia, a psicanálise é uma profissão psi com uma diferença. Pode ouvir-nos e não está condenada a falar em lugar de nós. Portanto, longe de pretender arrumar as coisas por nós, a psicanálise trata o sintoma de nosso mal-estar como uma mensagem nossa sobre nossa miserável condição e sobre a necessidade de uma mudança. A psicanálise tem, portanto, o potencial de ser um aliado de valor inestimável dos movimentos de liberação. É, em si mesma, uma teoria e uma prática dialéticas da liberação.

Liberação na clínica e na cultura

É verdade que os poderosos conseguiram apropriar-se da psicanálise, mas isso não quer dizer que tenhamos de desistir dela, deixá-la nas mãos deles e considerá-la parte deles. Temos de nos apropriar de novo da psicanálise. Para isso, precisamos compreender a relação dialética entre seu trabalho clínico e seu contexto histórico em constante mudança. As condições históricas que viram nascer a psicanálise, a alienação sob o capitalismo, a exploração da vida e a natureza opressiva da família nuclear da Europa ocidental, foram justamente as condições que a psicanálise pretendia compreender e combater. Foi nessas condições que a sexualidade foi vivida como traumática, ao ser reprimida e ao mesmo tempo falada incessantemente, invocada e excitada.

As condições nas quais surgiu a psicanálise, assim como as forças ideológicas implicadas nelas, penetraram no campo psicanalítico, distorcendo-o. Não existe uma psicanálise não ideológica, "pura"; o que pode haver é uma depuração permanente de suas elaborações teóricas, uma purificação incessante de seus conceitos-chave. A complexa relação dialética entre sua forma clínica e os aspectos ideológicos da teoria pode ser esclarecida e transcendida constantemente na prática. É um processo contínuo, sempre inconcluso, de luta contra o poder, de crítica da ideologia e de resistência contra a psicologização.

Quatro conceitos-chave da psicanálise, *inconsciente*, *repetição*, *pulsão* e *transferência*, operam como elementos formais radicais da teoria, que nos permitem resistir contra o processo profundamente ideológico da psicologização. Esses conceitos têm um significado particular na teoria psicanalítica, mas nosso objetivo aqui é torná-los significativos para os militantes radicais que estão lutando não só para mudar a si mesmos, mas também para mudar o mundo.

O inconsciente, a repetição, a pulsão e a transferência operam no mundo e não apenas no divã do psicanalista. Devemos considerar esses quatro conceitos no espaço de tensão dialética entre a clínica como espaço privado, espaço de trabalho transformador, e o contexto histórico. Os quatro conceitos devem ser reconstruídos para ser fundamentalmente históricos por si, evitando assim a armadilha de "aplicá-los" aos movimentos de liberação, pois com isso deixariam de ser práticas revolucionárias para se converter em ferramentas da ideologia.

É preciso deixar bem claro que nossas lutas não requerem ser interpretadas, justificadas, validadas e muito menos guiadas por conceitos psicanalíticos. Tampouco convém que esses conceitos operem como um universo de sentido que limite e feche o horizonte de liberdade pelo qual lutamos. Nossos movimentos de liberação devem manter seu caminho aberto e ir decidindo sua direção e seu alcance à medida que avançam e que expandem o que podem conceber e realizar. Não devem orientar-se pela psicanálise como se fosse uma referência fixa e imutável, mas se servir dela como um meio entre outros e transformá-la como transformam todo o resto em seu enfrentamento com as condições em que vivemos.

Confrontamos condições modernas particulares da cultura, do capitalismo imbricado com o colonialismo e com diversas formas de racismo, sexismo e formas de patologizar as pessoas que não querem ou são incapazes de se adaptar ao mundo como cidadãos produtivos saudáveis e de bom comportamento. A psicanálise pode proporcionar valiosa informação sobre a estrutura subjacente à subjetividade nessa cultura global e sobre as diferenças que colocam os povos do mundo em conflito uns com os outros. No entanto, sua maior contribuição é na clínica, em que estão assentados os quatro conceitos-chave de inconsciente, repetição, pulsão e transferência, que vamos abordar com mais detalhes nos capítulos a seguir deste manifesto.

É na clínica que descobrimos o que há além de nós, de que maneira repetimos relações autodestrutivas, por que nos vemos impulsionados a fazê-lo e como opera o fenômeno da transferência, como uma estranha relação com o psicanalista. Nossas descobertas na clínica psicanalítica não acontecem fora do universo cultural dominante. É lógico então que retroalimentem a cultura, para o bem e para o mal, e por isso temos também algo a dizer sobre os perigos de "aplicar" a psicanálise fora da clínica como uma inevitável perversão acadêmica de sua prática.

À parte de suas questionáveis aplicações, a psicanálise precisa ser recriada por nós como ferramenta de um trabalho radical sobre a subjetividade, um trabalho necessário para subverter com êxito as condições existentes. Essa ferramenta, entendida dialeticamente, é resultado das elaborações teóricas de Freud e seus seguidores, que nos permitiram utilizá-la para o trabalho radical na clínica e nos movimentos de liberação. O que a ferramenta produz é parte de um processo criativo que nos permite fazer mais. O nome que damos àquilo que ela torna possível é "subjetividade revolucionária", "sujeito revolucionário".

Tanto na clínica quanto na política, o sujeito revolucionário aparece e desaparece, nasce, forjado na luta, e desvanece novamente quando seu trabalho termina. Tudo isso não vai transformar-nos em heroicos indivíduos revolucionários, ativistas carismáticos ou dirigentes curtidos pela luta. O que nos interessa não é a formação de líderes ou personalidades, mas a criação de um processo coletivo de mudança com os olhos voltados para o tipo de mundo que desejamos construir, nada além disso.

O propósito não é virarmos psicanalistas. Longe disso, o resultado final a que a psicanálise sempre aspira é que o sujeito humano possa se desfazer da escada que usou para chegar a cada novo lugar. A perspectiva psicanalítica não deveria fechar nosso horizonte. É uma oportunidade, não uma armadilha. À medida que colocamos um fim a esse mundo que gera tanta infelicidade, também antecipamos o fim da psicanálise, da psicanálise como um enfoque revolucionário que funciona simultaneamente como uma ferramenta e como um produto desse processo histórico. Vamos começar no capítulo seguinte com o *inconsciente*.

2 · Inconsciente
Alienação, racionalidade e alteridade

Nossa luta, onde quer que ela se dê, tem um alcance internacional. Cada movimento de liberação expande progressivamente seu horizonte para chegar a compreender de que maneira somos divididos e dominados. O que fazem conosco fica incompreensível se o restringimos apenas a um contexto nacional, regional ou interindividual.

O consumismo, o desemprego e a xenofobia nos países ricos, por exemplo, somente ganham sentido quando levamos em conta a miséria, os baixos salários e a exploração do trabalho nos países pobres. De modo similar, temos de pensar nas velhas e novas formas de colonialismo e de imperialismo para saber o que está em jogo no ódio racial ou nos ataques terroristas. É assim também que a palavra de ordem feminista chilena "O Estado opressor é um macho violador" pode nos ajudar a elucidar a repressão governamental e a violência contra as mulheres, mas também a brutalidade homofóbica e as violentas formas "viris" de relação entre grupos e nações que predominam à custa de outras atitudes que são feminizadas e denegridas.

O que ocorre no mundo, até mesmo o que ocorre muito longe de nós, subjaz naquilo que dizemos e fazemos. Nossas palavras e ações cotidianas também envolvem a história passada, inclusive a mais remota, a de séculos anteriores. A história nos carrega com ela. Todo o pretérito está presente, a cada momento, limitando-nos e guiando-nos em uma direção determinada, mas geralmente sem que tenhamos consciência plena do modo como opera. Isso é o *inconsciente*.

O presente capítulo trata de um conceito fundamental da psicanálise: o de inconsciente. Esse inconsciente ganha vida na clínica, mas seus efeitos são sentidos em todas as esferas da vida cotidiana. Agora é preciso apreciar como o inconsciente se reveste de uma forma pessoal e política na alienação própria do capitalismo, como nossa compreensão disso é distorcida pelo "senso comum", como a racionalidade da sociedade capitalista nos faz cair na armadilha do *self* individual na qual o "eu" é o dono da casa e como a "alteridade" que nos espreita está ligada à linguagem, à mesma linguagem que usamos para transmitir nosso sofrimento aos outros.

Alienação e senso comum

Estamos alienados neste malfadado mundo. Estamos aqui separados uns dos outros e inclusive de nós mesmos. O que nos é dito sobre toda essa alienação, sobre o inconsciente também, geralmente cumpre a função ideológica de encobrir a fonte do problema, impedindo-nos de procurar a ajuda de que necessitamos. Precisamos pensar de maneira diferente a respeito do inconsciente.

Ao pensar, agir e refletir politicamente em uma escala internacional, compreendemos como os demais, com suas particularidades sociais, culturais, nacionais ou de gênero, converteram-se em "outros" para nós. Entendemos também como essa relação com a "alteridade" incrustou-se dentro de nós através de formas de classismo, racismo, nacionalismo e sexismo. Neste mundo triste, somos convertidos em "outros", tornamo-nos estranhos até para nós mesmos, e a alteridade então atravessa nossa experiência, nossa subjetividade, e cala tão fundo que a própria natureza, seja o que for, é experimentada como algo alheio, estranho e ameaçador. Essa é uma parte importante daquilo que a psicanálise denomina "inconsciente". É algo irreconhecível que habita o mundo "externo" e "interno". Embora se encontre em nossos pensamentos, está além do que pensamos. Não é o que pensamos. Estamos, portanto, divididos. Somos outros em relação a nós mesmos.

O inconsciente sempre escapa de nossos pensamentos. Não é simplesmente algo que esteja enterrado e que possa ser exumado, pensado, recordado. É mais uma forma de nos alienarmos de nossas ideias, palavras, ações e relações com o mundo, que são sempre outras e não as que parecem ser, como se estivessem separadas de nós.

A alienação é uma forma de separação. Em termos estritamente psicanalíticos, é uma forma dupla de alienação, após a nossa necessária separação daqueles que nos trouxeram ao mundo e que primeiro se preocuparam conosco. Ao nos afastarmos deles, afastamo-nos de nós mesmos, ficamos divididos internamente, para poder abrir um caminho no mundo para nós, o mundo em que estamos "alienados", alienando-nos por meio da linguagem que usamos para comunicar esse mal-estar aos demais. Em seguida, a particular alienação cultural-histórica neste mundo redobra e acentua nossa "alienação original", nossa divisão interna, nossa peculiar natureza humana como sujeitos divididos que têm de se comunicar com os demais para sobreviver, e comunicar inclusive nosso sofrimento.

Na sociedade opressiva e exploradora em que vivemos, nossa alienação opera por meio de múltiplas dimensões de separação. Há a concorrência entre indivíduos buscando vender sua força de trabalho, os patrões controlando os frutos de nosso trabalho criativo depois de lhes vendermos nosso tempo, a ansiedade de duvidar se nossos corpos conseguirão realizar o trabalho que fazemos para os outros a fim de sobreviver e o impulso de explorar com fins de lucro um mundo natural que depois aparece a nós como uma força hostil a nos confrontar. As outras pessoas, nossa própria criatividade, nossos corpos e a natureza como tal separam-se de nós, e então são experimentados como ameaças. O senso comum nos diz que isso é natural e universal, mas o senso comum mente.

◢ Senso comum

Há uma diferença entre o "senso comum" pelo qual lutamos – aquele construído a partir do conhecimento nativo ou das habilidades criativas que adquirimos pela experiência ou por meio de nossa análise teórico-prática – e o *senso comum* ideológico transmitido a nós ou roubado e depois devolvido sob uma forma distorcida, que serve para nos desqualificar. Esse senso comum ideológico, o que nos preocupa aqui, frustra sistematicamente nossas tentativas de captar a forma que essa alienação assume, como algo "outro" para nós, como algo *in*-consciente. No entanto, apesar do senso comum, o outro que nos aliena está aí. Algo escapa do controle consciente em um mundo como o nosso, onde as forças econômicas nos impulsionam a trabalhar para os outros em benefício deles. A psicanálise tem muito a dizer sobre esse aspecto de nossas vidas que sempre está fora de nosso alcance, existindo como algo inconsciente para nós.

A invenção freudiana do inconsciente foi igualmente banalizada, convertida em imagens populares de profundidades nebulosas, algo obscuro e misterioso, ou, em muitos manuais de psicologia e psiquiatria, como a massa de um iceberg da qual só nos é permitido ver a ponta. E então a psicanálise psicologizada nos faz submergir esse inconsciente de novo na clandestinidade, ignorando-o, fingindo que não tem impacto algum sobre nossas vidas. Essa falsa imagem de "bem-estar" mental e "felicidade" coloca o "eu" consciente de si em confronto com o inconsciente, desejando que desapareça.

Esse "eu", tão bem conhecido por muitos divulgadores da psicanálise e entusiastas partidários das profissões psi, é descrito muitas vezes como o núcleo racional do *self*. Na realidade, porém, esse pequeno mecanismo de autoconsciência individual racional não é em absoluto o núcleo de quem somos. Afinal, como nos ensina Marx, somos um "conjunto de relações sociais", e essa rede de relações sociais que define nossa natureza coletiva como seres humanos é o lugar não do eu, mas do inconsciente.

O inconsciente, que não é algo obscuro escondido no fundo associal de cada um de nós, estende-se pelas relações sociais das quais participamos e que nos constituem. Essas relações evocam outros vínculos do passado e estão fora de nosso controle consciente, mas decidem o que somos e o que podemos controlar. Moldam nosso *self* e nossa autoconsciência.

Nossa autoconsciência imediata parece nos abranger, mas não pode salvar-nos. Ela nos engana. Chafurda em ideologias de senso comum que postulam um *self* separado da sociedade, aproveitando ao máximo a alienação em vez de reconhecê-la, de compreender como foi produzida e permitir-nos mudar coletivamente as condições que lhe deram origem.

Em vez de nos liberar da alienação, a autoconsciência ingênua a reproduz por meio das imagens alienantes de nosso "eu". Essas imagens do "eu" como sendo o centro do que somos, como o núcleo racional de nossa autoconsciência, reduzem nossa subjetividade ao que imaginamos que somos, cada um de nós como indivíduo separado dos demais. Essa maneira de pensar a nós mesmos não é o caminho para a cura e menos ainda para a revolução.

Não chegaremos a nenhum lugar, fora daquele em que já estamos, enquanto não conseguirmos nos liberar do pensamento que nos encerra dentro daquilo que cada um de nós já acredita ser, de modo imediato e ideológico. Esse pensamento a respeito de nós mesmos, alimentado pelo senso comum, trai a alteridade que nos faz humanos, convertendo-a em uma maldição, quando ela é a base material de uma cura prática duradoura por meio da luta histórica contra a exploração e a opressão. Nossa liberação é coletiva, e é por isso que não cabe dentro do senso comum, que nos fecha na prisão do nosso "eu".

Na maneira de pensar do senso comum, somos exclusivamente nosso *self*, com sua particularidade. As demais particularidades infinitamente diversas de gênero, cor, cultura ou nacionalidade, entre muitas outras, aparecem como exteriores, como alheias a nós, até mesmo como repulsivas ou hostis. Não reconhecemos assim nossa diversidade coletiva como humanidade compartilhada. Note-se também como essa imagem do eu autossuficiente marginaliza as "pessoas deficientes", que são tratadas como se fossem danificadas, incompletas. Na realidade, são "incapacitadas" por essa sociedade que requer corpos "normais" e "saudáveis", bem adaptados para produzir "mais-valia", e que impõe a norma de senso comum do eu como dono autônomo de sua própria casa. Aqueles que têm dificuldades para interpretar esse papel de amo da casa são muitas vezes tachados de "loucos".

Nossa natureza de seres humanos é, portanto, negada por nós mesmos. Traímos nossa natureza subjacente, e nela não somos nada sem os demais. Ao trair nossa íntima relação com a humanidade, as relações amorosas de solidariedade com a dor dos outros são substituídas por ódio e suspeita. É assim que *caímos na armadilha*.

Estamos aprisionados pela tentação de soluções individuais assertivas, possessivas e competitivas para enfrentar a miséria generalizada do mundo capitalista. A tentação é a de sermos tão miseráveis quanto este mundo governado pelo impulso de acumular bens e obter ganhos dos demais, e aproveitar isso da melhor maneira, a ponto de declarar então que somos "felizes". Quando isso acontece, o domínio individual, o "eu" isolado, é colocado contra os outros.

No entanto, mesmo que nos voltemos contra a humanidade, não deixamos de ser humanos. O inconsciente fala e com isso pode nos conectar à ação coletiva. Essa conexão apresenta um problema dialético, pois o que nos conecta não é o núcleo de cada um. E se esse núcleo não está situado no "eu" individual, tampouco está no inconsciente por meio do qual nos conectamos uns com os outros, e no qual somos como um conjunto de relações sociais. O que há no inconsciente não é exatamente algo essencial e inerente ao meu ser, não mais do que o eu, ele não está escondido dentro de cada um de nós. Não é o cerne insondável daquilo que eu sou. É outra coisa.

O inconsciente, que supomos profundamente oculto dentro de cada um, é em si mesmo algo *exterior*, que fala de alteridade. É feito de história, economia, sociedade, cultura e ideologia. É um espaço de encontros e desencontros com os demais, acordos e desacordos que são debatidos com eles, explicações e contradições, alianças e conflitos entre companheiros em luta, persuasão e mal-entendidos. Aparece na trama de linguagem que compartilhamos com os demais.

O inconsciente está estruturado pelas linguagens particulares que aprendemos do mundo em que vivemos. Provém de fora, do que vemos e escutamos, da estrutura de relações passadas e presentes que reverbera e se desdobra no espaço que habitamos. Funciona então como um discurso do "outro", sempre operante, embora nem sempre percebido. É algo simultânea e dialeticamente interior e exterior. Envolve-nos e nos atravessa. Está dentro de nós justamente porque estava e ainda está fora de nós, porque estamos nele, porque está onde estamos.

Habitamos a exterioridade do inconsciente. Aqui, nesse campo exterior estruturado do ser, é como se cada indivíduo devesse ocupar seu lugar, aquele que lhe corresponde, que o distingue dos demais, e então, conforme se adapta à sociedade, é o que o faz coincidir com eles. O inconsciente literalmente nos põe no nosso lugar, mas ao mesmo tempo nos desestabiliza, faz-nos lembrar que não somos apenas o que imaginamos ser, que há mais em nós do que nossos pequenos *selfs* alienados, restritos a pensar no próprio eu como se fosse nosso representante diplomático perante o mundo dos outros.

Aprendemos do inconsciente que cada um de nós não tem poder total sobre o que diz, que não controlamos o significado de nossas palavras, não somos o centro nem de nossos pequenos universos de significado nem das relações imediatas que estabelecemos cara a cara com os outros. A ilusão de que somos cada um o centro, com o eu governando como se fosse o dono da própria casa, é uma narrativa ideológica tão poderosa quanto aquela na qual os seres humanos estão no centro do mundo, confrontados e tendo os demais seres sencientes do reino animal à sua disposição, em vez de viverem no mundo com os demais seres vivos. Essas duas narrativas ideológicas que nos colocam no centro, como centro do ser, são na realidade uma só, evidenciada, questionada e desafiada pela perspectiva psicanalítica: a narrativa do eu com poder sobre nós e sobre tudo. A psicanálise desafia esse suposto poder do eu.

A psicanálise, em sua crítica do eu, apresenta-nos a opção: ou continuamos fazendo esforço para dominar a nós mesmos, dominar os outros e a natureza, ou encontramos uma maneira diferente de ser. Esta opção já é por si liberadora, mas é também reveladora. Permite-nos descobrir pelo menos três coisas sobre o poder: em primeiro lugar, que ele não é inevitável, não é algo que você tenha de exercer ou sofrer; em segundo lugar, que o poder não pode ser exercido sem que, ao mesmo tempo, seja padecido, já que dominar as necessidades dos outros requer e pressupõe dominar a si mesmo; em terceiro lugar, que há o mesmo poder implicado no eu que nos sufoca, naquele que nos leva a oprimir os outros e que está destruindo o mundo ao nosso redor.

A psicanálise pode nos ajudar a sair de nosso eu e a lutar no exterior contra o poder que nos mantém aprisionados dentro dele. O campo de batalha está fora, no mundo natural e sociocultural, além das estreitas fronteiras conscientes de nossa individualidade. Com o inconsciente, portanto, passamos de uma concepção do eu separado do mundo, visto como um "ambiente", para a concepção de uma ecologia radical liberadora, de um ecossocialismo psicanalítico. Para conseguir isso, precisamos reivindicar o mundo e reivindicar nosso poder dentro dele.

Poder

O poder, tal como concebido pela psicanálise, está sempre ali onde o eu se impõe, mas ele nunca pertence de fato a cada um de nós como indivíduos. Mesmo quando acreditamos ter o poder, não somos nós que o possuímos exatamente ou de maneira total. É mais ele que nos possui e nos aliena, exercendo-se por nosso intermédio ou sobre nós, ao nos dominar, para nos obrigar a padecer dele ou a exercer a dominação, isto é, ao nos explorar, seja quando nos coloca como exploradores ou como explorados, como senhores ou como escravos, como consumidores ou como trabalhadores, como vendedores de bens ou como simples mercadorias à venda. Em qualquer dos casos, ao sermos possuídos pelo poder, alienamo-nos, tornamo-nos alheios a nós mesmos, deixamos de ser quem somos para nos tornar aquilo que o poder quer que sejamos.

A psicanálise nos oferece uma visão do poder como algo descentralizado em relação ao sujeito, algo incontrolável de que padecemos mesmo ao exercê-lo, algo que implica sempre um substrato incontrolável, inconsciente, alheio e alienante. Essa visão é necessária como complemento das visões mais esquerdistas do poder, que o veem como algo que é "possuído", exercido conscientemente sobre os outros de modo a permitir dominá-los.

Certamente há os que têm de fato o poder, o 1%, assim como governantes e chefes machistas de empresas privadas e estatais, executivos que se comprazem em humilhar os que estão abaixo deles. Mas devemos ter cuidado para não converter a análise crítica da sociedade em uma gigantesca teoria da conspiração, e sabemos que teorias da conspiração na realidade funcionam muitas vezes como injunções tóxicas que nos desviam do verdadeiro problema, isto é, o sistema capitalista patriarcal e colonial, fazendo-nos deslocar a atenção para bodes expiatórios, como ocorre no antissemitismo.

O marxismo e as diversas teorias e práticas aliadas de liberação dos movimentos feministas e anticoloniais não são delírios conspiratórios apontados para aqueles que exercem o poder, e sim análises estruturais sistêmicas das formas como ficamos sujeitos a múltiplos regimes de poder que se interseccionam. Essas análises coincidem com o que aprendemos da psicanálise. A visão do poder que apresentamos aqui foi concebida não só para complementar as visões que animam os movimentos de liberação, mas também para funcionar como um recurso para a crítica de falsos caminhos que, apesar das melhores intenções dos ativistas, despolitizam a luta ao individualizar, personalizar e psicologizar a política.

O problema fundamental não está em certos indivíduos nem em suas ações, muito menos em suas inclinações, seu perfil psicológico ou seus traços de personalidade. O problema fundamental é a estrutura que faz com que inconscientemente eles sejam quem são e se comportem como o fazem. Essa estrutura é econômica e simbólica e, portanto, também política, tão profundamente política quanto o inconsciente que opera com ela e contra ela. A política psicanalítica que atende ao inconsciente, àquele que está na raiz, é uma forma mais radical de pensar o poder. Aquilo que é inconsciente para nós em nossas relações sociais e em nossa experiência pessoal tem um poderoso efeito estruturador sobre nossa maneira de entender o mundo e de reproduzi-lo ou tentar transformá-lo.

A psicanálise denuncia o poder e a alienação generalizada em um mundo que reduz os seres humanos e suas capacidades à condição de coisas que podem ser compradas e vendidas. Somos colocados contra os outros ao competir com eles vendendo a nós mesmos, vendendo nosso saber, nossa capacidade, nossa vida, nossa força de trabalho. Nosso próprio trabalho criativo volta-se então contra nós ao se tornar algo controlado e vendido por nossos patrões ou por nós mesmos a serviço deles, inclusive quando fazemos o trabalho de nossos patrões, controlando e vendendo trabalho, o nosso trabalho.

Seja por meio de outras pessoas, das coisas ou de nós mesmos, nossos patrões controlam, obrigando-nos a cumprir suas ordens, que são às vezes nossas próprias ordens. Fazemos o que eles fazem e também o que eles fazem a nós, embora nem mesmo eles saibam o que estão fazendo, movidos por sua insaciável sede de lucro, levados a tentativas autodestrutivas de dominar os outros. Eles nos alienam e alienam a si mesmos enquanto se envolvem na destruição de outras vidas e na devastação do planeta.

Vale a pena insistir nesse ponto: estamos com o encargo até de cumprir a função de nossos patrões, e isso nos leva a imaginar que temos poder, que somos pequenos patrões. É o que acontece quando nos conferem alguma autoridade como clientes, proprietários, capatazes, chefes, pais, maridos, professores, avaliadores, burocratas, policiais, soldados, terapeutas, médicos etc. É uma maneira de nos consolar e compensar, devolvendo-nos uma parte insignificante de todo o poder que nos é tirado, de todo o poder que nos oprime. Isso pode nos fazer esquecer a nossa opressão e exploração. O triste é que esse esquecimento nos torna ainda mais exploráveis, abre caminho para continuarmos a ser explorados e perder mais do que ganhamos. O pouco poder que recebemos como indivíduos faz com que nos entreguemos coletivamente ao poder. É algo que nos aprisiona, embora digam que nos liberta.

Cada um se empodera à custa de si mesmo. É assim que ocorre algo crucial para a psicanálise: dissociamos cada um de nós de nossos corpos, e a relação com esses corpos fica pervertida. Escravizamos o próprio corpo, que é fetichizado, coisificado por nós, e passamos a usá-lo como simples meio para cumprir obrigações individuais ou para satisfazer ambições egoístas. É isso o que também ensinam os "modelos sociais" de deficiência: que os corpos estão feitos para funcionar neste mundo como objetos produtivos ideologicamente "completos", e, se não o fazem, são "deficientes". A imagem do corpo completamente autossuficiente, desafiada pelos ativistas radicais no campo da incapacitação, é tão ideológica quanto a imagem do *self* completamente autossuficiente, desafiada pelos ativistas radicais no terreno da saúde mental e especialmente da "antipsiquiatria".

O eu de cada um de nós, sua alma ou sua consciência, é constantemente usado para se apoderar de nossos corpos. Somos explorados espiritualmente como indivíduos para podermos ser explorados materialmente como coletividade. A exploração social seria impossível sem a cumplicidade de um eu que costuma ser o elo mais fraco da coletividade. Esse ponto vulnerável pode ser tratado por meio da psicanálise com o propósito de recuperar o poder coletivo.

Nossa visão psicanalítica concebe o poder como algo que pode ser conquistado coletivamente. Sabemos que é possível tomar o poder e usá-lo de modo progressista para dar forma à sociedade e a nós mesmos. Não somos contra o poder, e sim contra a sua reclusão imaginária no nível do indivíduo, mas isso não nos impede de ser a favor dele como força criadora e liberadora. Sabemos que o poder pode liberar-nos e servir para criar outro mundo, melhor que este, se for exercido coletivamente, contradizendo a ideologia dominante, que nos faz imaginar que o poder sempre é do eu, como se o indivíduo fosse o único sujeito e fosse dono de seus atos.

As opiniões do senso comum sobre a sociedade e sobre a natureza do poder operam ideologicamente, obscurecendo as causas fundamentais da alienação. Podemos dizer, em contraste com essa representação ideológica da sociedade, que a alienação e o poder neste malfadado mundo são o que denominamos "inconsciente". Nesse sentido, o inconsciente é a política. Devemos aprender a apreciar de que modo nossas ações se organizam inconscientemente. Aprendendo isso, podemos atuar de maneira coletiva contra o poder, para acabar com as formas destrutivas mais extremas de alienação que são endêmicas sob o capitalismo.

Racionalidade na armadilha do eu

Algumas formas de psicanálise, em particular aquelas que se converteram na corrente dominante e foram incorporadas às instituições adaptativas nos países de língua inglesa, veem o eu como rei e procuram restaurá-lo no trono por meio da clínica. O objetivo da psicanálise conservadora é fazer do eu o dono da casa. É desse modo que opera a traição às propostas mais radicais de Freud e se assume que o eu é a sede da racionalidade.

Essa racionalidade é, obviamente, o tipo de racionalidade individual burguesa constitutiva da ideologia sob o capitalismo, o colonialismo e o patriarcado. É uma racionalidade presa à armadilha do eu, muito diferente da razão coletiva que criamos juntos nos movimentos de liberação e de resistência contra o poder. Para criar essa razão coletiva, para nos conectarmos a ela, precisamos fazê-lo por meio do inconsciente, encontrando-nos ali, em vez nos perdermos no eu.

O inconsciente é tudo aquilo em nós que escapa à razão individual. É um contexto criativo, às vezes necessário, que não podemos deixar de habitar, mas também um aspecto de nossa humanidade que é convertido em uma força "obscura", vista como uma ameaça pela ideologia burguesa. As conotações aterradoras associadas ao que é escuro, a um racismo simbólico, costumam acompanhar as imagens ideológicas de um *self* ideal como dono de sua própria casa – uma ilusão heteropatriarcal. Essa ideologia, que teme tanto o inconsciente quanto o nosso corpo e a coletividade, mantém-nos reclusos na esfera individual psicológica de nosso eu consciente. Isolados no eu, confundidos com ele, podemos esquecer o inconsciente e dedicar-nos a subjugar o próprio corpo.

Portanto, a tarefa de cada um passa a ser controlar o corpo e colocá-lo a serviço do capitalismo. É para isso que o dominamos, que o tratamos como um escravo, como uma máquina que deve trabalhar para nós e para os demais. Então, em um drama pessoal que está se convertendo em cataclismo ecológico, voltamo-nos contra a própria natureza, vendo-a como uma ameaça, primeiramente dentro de nós e depois fora. Nosso estado de alienação nos afasta do nosso trabalho criativo, faz-nos desconfiar dos demais, temendo perder o controle do próprio corpo, e nos torna preventivamente desconfiados e destrutivos em relação à natureza.

Ciência

O ecocídio total, o irreversível sacrifício do mundo, começa pela imolação de nosso próprio corpo no altar do eu. Essa imolação é, por sua vez, o fruto de nossa alienação. É apenas quando nos convertemos em algo como o eu, tão alheio ao que somos, que podemos chegar a destruir a nós mesmos e destruir o mundo inteiro. De qualquer modo, não resta mais lugar para o mundo quando, sob a forma englobante do eu, damos um caráter totalitário à individualidade na qual estamos alienados. Nossa alienação é também uma "objetivação". É converter os sujeitos e suas relações em objetos. Quando nos objetivamos, a ciência se transforma, distorce-se. Deixa de ser uma ferramenta de compreensão e liberação para se tornar um instrumento de controle.

Já conhecemos as expressões "científicas" da objetivação na psicologia dominante. A "ciência" instrumental, que é uma forma ideológica da razão científica e se baseia em um modelo de "predição e controle", converte-nos em objetos, promove uma objetivação do sujeito contra a qual fala a psicanálise. Uma vez objetivado, o sujeito se transmuta em eu. Esse eu não é mais o sujeito. É algo totalmente alheio ao sujeito. É algo no qual nos alienamos, perdemo-nos.

Estamos tão alienados no eu, que já não o vemos mais como algo alheio, diferente de nós. Confundimo-nos com o eu, que por sua vez se confunde com o outro, com o eu do outro, com as demais versões do eu. Nenhum de nós consegue mais se distinguir dos outros. Buscamos imitar os demais em lugar de reconhecer seu valor como sujeitos diferentes de nós. Então nosso vínculo com os grupos e as comunidades se reduz a mimetizar, a ser como os demais, em lugar de conservar nossa singularidade, em vez de travar um debate criativo e argumentativo com eles. Sem capacidade para nos distinguir e para divergir, a ação política se reduz à pura "identificação", ao mimetismo que foi a base da "psicologia das massas" que Freud elaborou, delatando sua faceta pessoal de individualista burguês atemorizado pela coletividade.

Acabamos reduzindo-nos a uma imagem de cada um de nós como indivíduos separados, isolados, trancados no próprio eu. Tentamos em vão resgatar-nos por meio do eu, justamente o eu, que, na realidade, afasta-nos do nosso mundo. É assim que o mundo se torna estranho para nós, um produto da alienação, um inconsciente "obscuro", aterrador e ameaçador, em lugar de ser a base mais ampla daquilo que somos, tanto no conjunto das relações sociais como na luta coletiva que pode refazer o mundo como um lugar melhor, mais respeitoso com o planeta que habitamos.

O eu, no qual nos alienamos pelo mesmo gesto pelo qual imaginamos escapar do mundo e nos proteger dele, é entre outras coisas a cristalização do senso comum ideológico burguês. É o modelo de humanidade que foi imposto ao mundo inteiro por meio do colonialismo, do imperialismo e do capitalismo globalizado. Trata-se de um eu implicitamente branco e masculino, assim como pretensamente "civilizado", que fala como se protegesse o mundo desenvolvido da barbárie, mas que em si é um bárbaro. Ele se apresenta como a única força racional, mas sua "racionalidade" é profundamente irracional.

O tipo de lógica que o eu perpetua, o da ciência instrumental, busca a predição e o controle do entorno para subjugá-lo e explorá-lo, sempre com o propósito último de produzir ganhos para o capital. Esse funcionamento, responsável pela devastação de nosso planeta, é o mesmo da psiquiatria e da psicologia. Sua orientação estereotipada masculina destrutiva é uma peculiar patologia da normalidade, uma enfermidade mental do homem "normal" no capitalismo e no colonialismo. Reconhecendo o caráter patológico dessa normalidade, reapropriamo-nos da metáfora da "enfermidade" e a redirigimos contra os profissionais da saúde mental que com tanta frequência usam essa metáfora contra nós.

A racionalidade instrumental em sua versão psiquiátrica trata nosso sofrimento como se fosse uma enfermidade, ignorando assim o fato evidente de que a sociedade atual é que está "doente". A mesma racionalidade instrumental opera também por meio de uma investigação científica dedicada unicamente a programas pragmáticos, rentáveis para o desenvolvimento privado e estatal capitalista, um desenvolvimento que não atende à singularidade de cada sujeito e que mostra o maior desdém pelo trabalho criativo. Essa ciência acumula conhecimento como se fosse capital, como se os "fatos" fossem mercadorias, muitas vezes embalados e comercializados como artigos envolvidos em sigilo. Não é de estranhar que as teorias conspiratórias sobre a natureza do poder no mundo prosperem nesse contexto ideológico.

A psicanálise trabalha sobre o tipo de sujeito que sofre nas mãos da ciência instrumental. Nossa "ciência" psicanalítica é muito diferente. Não é instrumental, e sim ecológica, pois ressalta a interconexão entre as coisas e o nosso lugar no mundo, não como objetos, mas como sujeitos, como atores, como ativistas.

Ética

A patologia normal inerente ao eu penetrou também no campo psicanalítico. Uma leitura dominante sobre o objetivo clínico da psicanálise, leitura ideológica inaugurada pelo próprio Freud, tem sido a de que "onde estava o isso, o eu deve advir",[13] como se o destrutivo centro ilusório do homem burguês tivesse de se fortalecer à custa da alteridade que se encontra nele e em torno dele, dentro de nós e ao nosso redor. Essa imagem do fortalecimento do eu individual expressa o aspecto mais burguês da psicanálise e expõe uma contradição-chave no próprio trabalho de Freud.

Essa imagem de um eu forte é reforçada por outra, de subjugação da natureza, característica do tempo de Freud e que a política ecossocialista se esforça para desmontar. A afirmação de Freud sobre a tarefa da psicanálise que implica um fortalecimento do eu contra o "isso", contra o outro que é o inconsciente, prossegue com a famosa afirmação de que essa tarefa é "o trabalho da cultura", que Freud compara com a recuperação de terras conquistadas ao mar, por meio da "drenagem do Zuiderzee", nos Países-Baixos.[14]

---

[13] A frase de Freud "*Wo Es war, sol Ich werden*" tem recebido várias traduções, segundo a interpretação particular que lhe é dada pelos diversos enfoques teóricos da psicanálise. Além da tradução citada, é comum também vê-la traduzida como "Onde estava o isso, o eu deve advir", ou, como em Lacan: "*Là où fut ça, il me faut advenir*", isto é, "ali onde isso era (ou ali onde se era), é meu dever que eu venha a ser". (N.T.)

[14] Zuiderzee, ou Zuiderzê, é um vasto golfo na região centro-norte dos Países Baixos, cujas águas nas primeiras décadas do século XX

A visão burguesa da psicanálise trata de reduzi-la a um instrumento no combate tipicamente moderno do eu humano contra a natureza, contra o "isso" ou id, contra o inconsciente. Distanciando-nos dessa leitura, propomos um retorno à base ética da psicanálise radical como uma psicologia crítica, na qual aspiramos estar nós mesmos no lugar onde o "isso" está, mas não para desalojá-lo, e sim para encontrar aí a bússola de nossa subjetividade radical e progressista. É possível reler a declaração de Freud sobre os objetivos da psicanálise e assinalar, para começar, que a "drenagem do Zuiderzee" foi na realidade um trabalho de recuperação, que permitiu que as pessoas pudessem viver naquela terra. Não se tratou em absoluto de afastar o mundo natural, mas de outra forma de viver nele e com ele. Talvez isso possa ser conseguido por meio do trabalho psicanalítico.

Precisamos resgatar a psicanálise como força radical, afirmando que "onde ela estava, nós devemos advir". Devemos existir como pessoas com história, com passado e futuro, com interesses e desejos, com ideias e ideais compartilhados, ali onde agora só há cegueira e amnésia, demagogia e espetáculo, robôs e dados, números e fatalidades, coisas e relações entre coisas, mercadorias e valor de troca, capital e transações.

Onde o capitalismo funciona de maneira cega, repetitiva e automática deve haver nossa vida, nossa verdade, nosso pensamento, nosso olhar, nossa memória, uma forma de "reiteração" radical na qual algo novo se abra em lugar da replicar o que já houve antes. Devemos recordar e

---

inundaram a região, levando à construção de um dique de 30 quilômetros de extensão, com estações de bombeamento e comportas, para drenar as águas. (N.T.)

refletir, e agir para nos libertarmos da inércia da economia e da ideologia. É assim que o senhor colonial aprenderá algo sobre seu lugar no mundo e em sua história, se é que algum deles pode chegar a se redimir.

A psicanálise nos mostra que, por meio de um compromisso construtivo com o inconsciente, com aquilo que é inconsciente para nós, o que "devemos ser" pode chegar a ser, mas, e essa é uma lição de importância crucial a ser extraída da luta anticolonial, não estamos condenados a ser os mesmos em todos os contextos históricos e culturais. Não podemos afirmar que haja um aspecto particular de nossa psicologia que possa ser considerado uma verdade atemporal e universal, incluindo as atuais teorias a respeito do inconsciente.

O trabalho de Freud abriu caminho para compreendermos o que é "outro" para nós, a forma como criamos e recorremos a um contexto oculto, um pano de fundo, para nossa ação consciente. Mas isso precisa ser reelaborado constantemente se não quisermos cair na armadilha ideológica de converter esse "inconsciente" em uma espécie de contêiner dentro da cabeça ou em um reino místico com uma mensagem religiosa. O que foi descoberto por Freud não está fora do mundo, e sim situado em uma cultura e em um momento da história. A psicanálise precisa levar em consideração sua especificidade histórica e cultural como diagnóstico e tratamento dos males atuais do mundo ocidental.

Em oposição à ideologia destrutiva inerente ao conhecimento científico surgida no Ocidente, utilizada como dispositivo colonial para nos segregar e nos converter em objetos, reclamamos tudo o que há de positivo nesse desenvolvimento histórico, tudo o que pode nos ajudar a compreender melhor de que maneira estamos conectados com outros em um nível inconsciente profundo. Não existe um "inconsciente coletivo" como o que nos é vendido pelos escritores místicos ocidentais, que tentam compensar e complementar o que a sua razão científica vem fazendo conosco, mas há oportunidades para a ação coletiva quando cada um encontra o que é inconsciente para nós e o ativa em sua relação com os demais. Devemos estar seguros de que somos mais e podemos fazer mais do que o imaginado por nossa consciência individual aprisionada em certas formas de ciência e ideologia.

O que nos libertará não é o misticismo esotérico, mas tampouco é o dogmatismo científico imperialista e generalizador. Frente à "ciência" ocidental globalizada, valorizamos o singular do sujeito humano e o que outras civilizações e culturas indígenas desenvolveram com seus próprios recursos. Sabemos que é preciso romper o espelho do Ocidente e do nosso eu para chegar ao mundo e a nós mesmos. Nosso futuro está além de nossa individualidade burguesa patriarcal e colonial.

Contra o eu individual e sua falsa racionalidade alienada, apostamos em nossa energia política na construção de alternativas coletivas progressistas que operem segundo uma lógica diferente, uma lógica do inconsciente, trabalhando com ela, encontrando nela aspectos de nossa subjetividade, de nossa humanidade. Não se trata de idealizar o inconsciente, mas de reconhecer seu papel em moldar quem somos, assim como ele já foi moldado coletivamente por nós por meio de nossa atividade político-cultural e depois silenciado. Isso que não é dito, que não pode ser pensado, continua presente para nós. Pode ser liberador, mas permanece oculto, geralmente não reconhecido.

Colocamo-nos contra os outros e os enfrentamos, quando poderíamos nos unir a eles em uma luta coletiva.

Apesar de nos isolarmos, de confrontarmos e desconhecermos uns aos outros, de nos perdermos naquilo que somos, não deixamos de estar aqui, entre nós, no inconsciente. É a psicanálise que chama a atenção para esse âmbito da atividade humana, um âmbito necessário para nós como seres que falam, que usam a linguagem para comunicar nossas esperanças e temores, para tecer juntos uma análise crítica do mundo, um mundo que rechaçamos, e forjar imagens de outro mundo que desejamos construir.

Alteridade, da psicanálise

A linguagem que habitamos como seres humanos é a base de nosso ser, mas falhamos quando tentamos controlar o significado de cada palavra. Sempre há algo que nos escapa, que está além de nós; e aqui, neste malfadado mundo, esse além se estrutura ideologicamente como um inconsciente que é "outro" para nós. A alteridade é a dimensão inconsciente de um ser, nosso próprio ser, que sempre nos é apresentada de maneira estranha e não solicitada por meio de seus efeitos, afigurando-se para nós como a outra face da linguagem que falamos.

A alteridade é o reino da psicanálise. Embora a perspectiva psicanalítica tenha sido inaugurada na Europa, Freud era "europeu" e ao mesmo tempo situava-se à parte dessa cultura. Talvez por isso tenha chegado a conhecer algo do inconsciente. Uma perspectiva psicanalítica radical é indissociável de um estranhamento cultural e historicamente determinado em relação a certa classe de linguagem caracterizada também por sua especificidade cultural e histórica. A psicanálise, criada à margem da cultura ocidental por Freud e seus seguidores, a maioria deles judeus sujeitos à exclusão antissemita, era em si "outra" em relação a essa cultura, e portanto bem posicionada para perceber o que havia nas bordas da consciência burguesa "respeitável" e convencional, a do senso comum, a dos detentores do poder.

Agora há outras dimensões de linguagem, marginais e excluídas. Essas dimensões são visíveis nos protestos contra o capitalismo, o patriarcado, o racismo, contra o neocolonialismo, a islamofobia, a exclusão das pessoas incapacitadas ou contra a devastação do planeta. São os movimentos de liberação que nos permitem descobrir aspectos de alteridade, imagens visuais e representações simbólicas do inconsciente criadas no contexto da globalização, uma globalização através da qual a própria psicanálise se difundiu pelo mundo.

O movimento feminista, por exemplo, recorda-nos que Freud se referiu à feminidade como um "continente negro", com a implicação de que havia uma conexão profunda entre esse continente e o inconsciente. Aqui temos algo que pode nos ajudar a reconfigurar a relação entre a psicanálise na clínica e a luta política de uma maneira nova, que seja feminista além de socialista.

Como tarefa política, o feminismo propõe aos homens uma alternativa: continuar com sua própria forma individualista machista de exercer o poder, alinhada à "racionalidade" do eu, ou conectar-se a modos mais intuitivos de ser, coletivos e solidários, que são, de maneira convencional e estereotipada, atribuídos à posição da mulher na sociedade patriarcal. Em outras palavras, ou aprendemos algo do "continente negro", como fez Freud com as histéricas, ou continuaremos limitados a oprimir e explorar o desconhecido e misterioso, como o Ocidente tem feito com as demais culturas do mundo.

Enquanto isso, os movimentos anticoloniais e antirracistas visam reivindicar o que está ideologicamente configurado como um "continente negro" bárbaro e incivilizado. Essa reivindicação política progressista também tem profundas implicações para a nossa forma de reler e transformar a psicanálise, de modo que ela possa funcionar alinhada a esses movimentos na clínica. A racionalidade burguesa, com seu objetivo errático de fortalecer o eu, é um sintoma da insuportável brancura da razão colonial. Essa "brancura" foi implicitamente questionada pelos judeus que inventaram a psicanálise. O questionamento que realizaram pode nos ajudar a criticar a atual brancura hegemônica e a fazer a conexão com aquilo que foi tornado inconsciente para nós. Trata-se de "colorir" a brancura para que deixe de ser invisível, para que não opere mais como um inconsciente ameaçador dentro e ao reder de nós.

Divisão

Se não formos conscientes da forma muito complexa como opera e se estrutura a linguagem, talvez não consigamos colorir a brancura nem despatriarcalizar as relações. A primeira coisa que precisamos saber é que há algo na natureza de qualquer linguagem, na nossa natureza como seres falantes, que sempre nos divide, porque não podemos dizer tudo. Essa *divisão* subjetiva é inevitável. Somos obrigados a nos submeter a um sistema simbólico que não dominamos totalmente quando falamos, e isso nos converte em sujeitos divididos, afetados por algo inconsciente para nós. Nossa divisão é inevitável. Temos de viver com ela. O importante é de que maneira compreendemos essa divisão, qual o sentido que damos a ela.

O que realmente sabemos, e é com isso que a psicanálise trabalha, é que o sentido que damos à nossa divisão subjetiva está sempre impregnado e configurado por um conteúdo ideológico, assim como o próprio inconsciente. A ideologia faz a mediação nessa experiência de nossa condição dividida. Essa condição, na qual o inconsciente aparece como um lugar que fala de nosso sofrimento, é ideologicamente exteriorizada, prolongada e exacerbada em divisões alienantes particulares do sujeito, aquelas que são características da vida sob o capitalismo.

Cada um de nós está dividido pelo sistema capitalista e pelos seus dispositivos de domínio. O patriarcado, por exemplo, divide-nos entre a dominação heterossexual masculina e os dominados, assimilados à feminidade e a outras formas de sexualidade. É assim também que o colonialismo nos divide entre uma civilização aparentemente racional e aquilo que é patologizado e visto como "bárbaro" por se atrever a resistir a ela.

As expressões ideológicas da nossa divisão subjetiva são denunciadas, neutralizadas e transcendidas pelos movimentos de liberação. Movimentos ativistas como os anticapitalistas, anticolonialistas, feministas, gays/lésbicos, *queer* e outros, muitos outros, têm lutado e continuam lutando eficazmente para nos liberar do poder individualizado e da ciência instrumental, que reforçam certa imagem dominante do que significa ser poderoso. Esses movimentos abrem um caminho, um caminho psicanalítico em direção ao inconsciente, contra os poderes que se valem de nossa condição dividida para nos dominar ao reforçar nosso eu identificado com o capitalismo colonial e heteropatriarcal. Desafiando nosso eu, os movimentos de liberação podem nos ajudar, fazendo com que cada um de nós pare de dominar a si mesmo, de se trair e trair os demais. A traição e a dominação são coisas que podemos superar, deixar para trás.

O inconsciente é falado por nós quando nos relacionamos uns com os outros. Ele não existe antes de nossa existência relacional como sujeitos falantes. Precisa de nós, de todos nós e não apenas de cada um de nós, para existir através do que dizemos uns aos outros. Graças a isso, que é crucial para o papel político progressista da psicanálise, o inconsciente pode nos conectar à ação coletiva. Pode nos ajudar assim a nos resgatarmos, a nos liberarmos daquilo que oprime, reprime e suprime nossa existência coletiva, nossa associação livre.

Aquilo de que talvez nunca possamos nos libertar é a divisão do sujeito. Ignoramos se essa divisão é curável. Talvez não seja, mas é possível, sim, aliviar a dor que ela provoca. O alívio pode ser conseguido ao participar de movimentos de liberação, ao desafiar a ideologia na clínica psicanalítica e ao conectar a psicanálise de modo progressista com a ação política explícita. Nos capítulos a seguir, vamos nos referir à "livre associação", por meio da qual torna-se possível estimular o inconsciente a nos responder, em vez de só fazê-lo existir ao falar entre nós.

É preciso que a psicanálise se alie às nossas lutas coletivas e se deixe guiar por elas. Precisamos de uma teoria e de uma prática que abordem criticamente a representação ideológica da divisão subjetiva com a qual o inconsciente se produz e reproduz como se fosse apenas algo dentro de nós e que nos ameaça. O inimigo também está no exterior, e é preciso lutar aí contra ele. Ao lado do trabalho clínico, temos a tarefa política de mobilizar forças inconscientes, ao mesmo tempo que distinguimos quais forças perpetuam a ideologia e quais promovem nossa liberdade. É preciso analisar, falar e agir, a fim de conseguir fazer história, em lugar de simplesmente repeti-la. A seguir, vamos falar da *repetição*.

3 · Repetição
História, compulsão e liberdade

Em um mundo alienado, marcado pela opressão e pela exploração, no qual devemos também nos alienar para colaborar com a opressão e exploração impostas a nós, vivemos a alienação como algo inconsciente. Não conhecemos as forças alheias que nos governam e nos colocam incessantemente nas mesmas situações. Esse é o caráter da *repetição*, um conceito fundamental na clínica psicanalítica, em que podemos ver pessoas tentando escapar de relacionamentos tóxicos e destrutivos, imaginando, no entanto, que são livres, mas repetindo esses padrões com novos parceiros. Sabemos apenas que estamos pela enésima vez no mesmo apuro e que não conseguimos nos livrar dele de vez.

Estamos capturados nas operações repetitivas da linguagem, das frases e narrativas da família, culturais e ideológicas, que contam as mesmas histórias sobre o que supostamente somos e o que nos é impossível conseguir. Cada tentativa de mudança nos conduz, mesmo que por outro caminho, ao mesmo lugar. Estamos, além disso, sujeitos corporal e simbolicamente à repetição de soluções contraditórias falidas para problemas materiais socialmente estruturados.

A fantasia de que sempre ocorrerá algo diferente obscurece então a natureza real subjacente à repetição. Acreditamos que deixaremos de repetir quando mudamos de parceiro, quando aprendemos com nossa experiência ou modificamos certos comportamentos, mas no final acontece sempre a mesma coisa, as mesmas situações de abuso, opressão, intolerância, violência, ruptura.

Não é de estranhar que os padrões repetitivos de fuga e reconstrução inconsciente de velhas relações em novos contextos persigam também as organizações de esquerda. Elas também repetem relações tóxicas e destrutivas, bem como situações de abuso, opressão, intolerância, violência, desmotivação, tédio, desamor e ruptura. Por certo, aqueles que não aprendem com a história terminam repetindo-a, mas parece que mesmo essa aprendizagem conduz reiteradamente aos mesmos becos sem saída.

Precisamos com urgência adotar uma perspectiva psicanalítica em relação àquilo que as histórias de fracasso estão fazendo com os movimentos de liberação, que, em um nível autodestrutivo, gozam ao sofrer suas repetidas derrotas. É preciso também descobrir por que a compulsão a repetir se manifesta de modo sintomático em nossa prática política. Por fim, temos de entender como poderíamos contar com a liberdade de saber o que estamos repetindo, para evitar falhar ou, pelo menos, para falhar melhor e aprender com a história.

Histórias de fracasso

O capitalismo, o colonialismo e o patriarcado têm uma estrutura profunda em comum, relacionada com nossa subjetividade e nossa capacidade de lidar com certas condições objetivas, que sabemos que são profundamente destrutivas para nós e nossos companheiros de luta. É como se nossas vidas fossem dominadas por forças desconhecidas e incontroláveis que nos fazem deparar seguidas vezes com as mesmas situações. É como se essas forças nos impedissem de transformar nossa vida e nos obrigassem a repetir erros e derrotas. A questão é que não deixamos de repetir mesmo aquilo que não queremos repetir, e isso é algo que a esquerda conhece muito bem.

Aqui é onde o inconsciente entra em ação, impulsionando-nos a fazer várias vezes certos movimentos, apesar de sabermos muito bem que terminarão mal. Há algo em nossa natureza historicamente construída que decide, impõe e estrutura nossas histórias de fracasso, e a psicanálise nos mostra como essas histórias nos governam, dentro e fora da clínica.

Estruturas sociais inconscientes neutralizam eficazmente nossos esforços e os subvertem, assim como o fazem as interpretações ideológicas explícitas que favorecem aqueles que nos dominam ou as explicações de senso comum, que nos enganam a respeito da natureza de quem somos. Precisamos nos perguntar por que razão é assim e como funciona esse processo. O problema é que as próprias estruturas absorvem e utilizam em benefício próprio até nossas tentativas de compreensão. No final, conseguem que, de um modo ou de outro, nós mesmos ajudemos a reproduzir o que tentamos transformar. As mudanças parecem ocorrer apenas na superfície. Aquilo que nos domina se recompõe e se disfarça com novas máscaras. Isso já seria suficientemente ruim se operasse apenas no nível do Estado capitalista e nos aparatos de poder que repetem a opressão sexista e racista, mas a situação é pior. A repetição inconsciente significa que não nos limitamos a sofrer o que ela nos impõe. Também fazemos isso conosco.

Com excessiva frequência, as novas formas de organização acabam nos conduzindo de volta ao ponto de partida. Esse não é um problema só da "velha esquerda", que procura análises de situações passadas em seus manuais e tenta em vão fazê-las funcionar no presente. É um problema também dos novos movimentos sociais, que imaginam já estar livres de certas estruturas sociais, mas terminam replicando-as inconscientemente em outras condições.

Em ambos os casos, os novos caminhos que abrimos terminam nos levando ao lugar de onde partimos. É como um labirinto sem saída, no qual decidimos usar sempre as mesmas estratégias, empacamos em um mesmo campo fechado, atemo-nos às mesmas explicações já provadas e então, logicamente, qualquer coisa que façamos fracassa. Mudamos para que tudo continue igual. Nossos grandes gestos revolucionários não passam de pequenas reacomodações e ajustes do mesmo. A impressão é que só sabemos inovar para encontrar novas formas de repetir, em vez de criar algo verdadeiramente novo a partir das condições atuais. Não importa o que façamos, acabamos sempre fazendo mais ou menos a mesma coisa. Fazendo o que devemos fazer. Não somos donos da nossa história.

Gozo

A repetição é inconsciente, portanto implica não só uma reconfortante narrativa estranhamente familiar a respeito do que somos, mas algo mais, o gozo, que muitas vezes é difícil de reconhecer. Podemos detectá-lo facilmente à nossa volta, nas estúpidas estratégias falidas de nossos companheiros e das organizações rivais, mas é mais difícil admiti-lo quando estamos presos a ele. Gozamos não só ao encher a boca para proferir um triunfal "nós não avisamos?" quando as coisas voltam a dar errado, mas sentimos satisfação também ao prever e esperar o desenlace já conhecido e ao não reconhecer nosso medo de que aconteça algo imprevisível.

Não é só a psicologia burguesa que é obcecada com "predição e controle"; estamos também condenados a repetir o passado justamente por achar que já sabemos de antemão o que vai acontecer. O salto para um futuro desconhecido, tão crucial para a prática de nossos movimentos de liberação, é muitas vezes sabotado por nós mesmos, e então há um conluio mortal com o poder em vez de um autêntico desafio a ele.

Outro aspecto desse gozo, que só a psicanálise é capaz de descrever e abordar de modo eficaz para nos ajudar a encontrar uma saída, é que esse peculiar gozo inconsciente está ligado ao sofrimento. Claro que todos sofrem neste malfadado mundo, e é por isso que nos rebelamos contra ele e buscamos transformá-lo. Mas, além daquilo que nos une como humanidade, há algo nessa nossa história de miséria – política e pessoal, entrelaçada de modo a nos prender ao lugar de onde viemos – que traz com ela um tipo de sofrimento reconhecivelmente nosso.

Uma pergunta nos espreita desde o inconsciente: do que seríamos capazes se pudéssemos viver sem ele? Isso é o que torna as acusações contra nossos inimigos políticos, e depois as autorrecriminações, um ferrão tão venenoso. Apontam para quem somos ao nos colocarem na posição daquilo que aspiramos ser. Essa posição do nosso ideal, conceitualizada como "supereu" em psicanálise, permite-nos gozar com o próprio sofrimento.

Na clínica, esse sofrimento contraditório e gozoso pode ser destrinchado quando nossa fala faz com que deixe de ser essa contradição aparentemente insolúvel para transformá-lo em sintoma. Esse sintoma é estruturado então dialeticamente, de tal modo que nos permita encontrar um caminho através dele e transcendê-lo. No âmbito político, o vínculo íntimo entre gozo e sofrimento aparece sob a forma de um nó inconscientemente estruturado de linguagem e emoção, que se revela muito mais efetivo, já que não há maneira de resolvê-lo, pois não temos na prática política um equivalente direto do trabalho clínico. Os movimentos de liberação costumam carecer de meios para gerir seu gozo do sofrimento, da repetição, que poderiam permitir-lhes reapropriar-se de sua história e fazê-la, em vez de sofrê-la.

O habitual é não fazermos nossa história pessoal e política, mas sofrê-la, muitas vezes como se estivesse além de nosso poder e de nossa compreensão. Acabamos nos deixando levar por determinações inexoráveis, como a dinâmica familiar configurada pelo poder patriarcal ou a estrutura de classe defendida pelo Estado. Em ambos os casos, assim como no racismo e em outras formas de opressão, uma combinação de secretismo e de mistificação ideológica traduz-se em uma resolução incompleta dos problemas com os quais deparamos, e que são colocados para nós como obstáculos.

Essas dificuldades e contradições, como não chegam a uma resolução, persistem e insistem. Repetem-se, e, ao vivê-las, nós mesmos nos repetimos. Repetimos o que não resolvemos de nossas vidas. Não resolvemos porque não entendemos, nem sequer sabemos exatamente o que é, pois em parte é desconhecido, porque está parcialmente esquecido, inconsciente. Como não pode ser relembrado, precisa ser repetido.

A psicanálise nos ensina que repetimos aquilo que não conseguimos relembrar porque se trata para nós de algo intolerável, humilhante demais, vergonhoso, angustiante, até horroroso, traumático. Aquilo que nem sequer temos a coragem de relembrar é paradoxalmente o que devemos repetir. Repetir é uma forma inconsciente de relembrar aquilo que é inadmissível para a consciência. Repetimos o que menos gostaríamos de repetir: nossas piores derrotas e tropeços, os abusos de que fomos vítimas, as feridas que nos constituíram como aquilo que somos, os gestos pelos quais fomos conquistados e subjugados, nossa queda, nossa colonização, a origem de nossa opressão e exploração. Tudo isso é repetido mesmo quando é combatido. Nossas lutas não conseguem liberar-nos do repetitivo refrão de nossa história. Essa história é também a história daquilo que não deixamos de repetir.

A própria história, quer ela nos satisfaça ou não, e quer gostemos ou não da psicanálise, é um processo repetitivo de tentativas e derrotas no esforço para derrubar a ordem existente. Não conseguimos parar de repetir e passar então a ter sucesso de uma vez por todas porque não fazemos a história segundo condições de nossa escolha. Atuamos nas condições dadas e de acordo com padrões de opressão que mantêm as condições exploradoras e alienantes de produção e consumo. Esses padrões, além disso, cumprem com êxito uma função crucial: impedir a necessária e crucial tentativa de auto-organização coletiva.

Sofrimento

Não nos é permitido, não nos é concedido espaço para nos organizarmos por nós mesmos. E a razão é que tal auto-organização poderia produzir algo novo. A proibição da novidade é uma poderosa mensagem que nos é enviada conscientemente, mas também em um nível inconsciente, no qual ela é mais difícil de notar e, portanto, mais difícil de rechaçar. É assim que há *sofrimento* quando obedecemos à demanda de gozar. A mensagem prescreve que tudo tem de continuar funcionando como sempre funcionou. Nosso gozo e nosso sofrimento estão juntos na ideia de que devemos continuar a ser organizados pelo sistema capitalista para atender aos seus interesses – os dele, não os nossos –, isto é, que estamos bem como estamos, e que só assim seremos felizes. E então nos perguntamos por que não somos felizes.

Quando rompemos com essa lógica e nos negamos a permitir que o sistema capitalista prevaleça sobre nossos próprios desejos, há uma mensagem poderosa que repete essa mesma lógica. Essa mensagem nos diz que o correto é aceitar as regras do jogo, pois, afinal, temos recebido muito do sistema, e tudo poderia ser pior, portanto não devemos rebelar-nos, já que isso poria em perigo nossa família, nossos amigos e companheiros, e então acabamos nos sentindo culpados em relação a cada êxito parcial, bem como pelos fracassos.

Uma hora, achamos que essa luta nunca terminará, que o mundo jamais mudará, e no instante seguinte sentimos que tudo termina sempre do mesmo jeito. Isso nos impõe uma lógica repetitiva, destrutiva e autodestrutiva, de trabalho e de consumo, de mais e mais trabalho e mais consumo, mas também das mais diversas rotinas de exploração e opressão. E assim o classismo, o racismo, o sexismo e outras práticas ideológicas discriminatórias vão se repetindo para cumprir constantemente sua função de permitir a obtenção de lucro, a acumulação de recursos materiais e a concentração de riqueza entre que são considerados os mais aptos para encarnar e representar as necessidades do capital.

Em vez de tratar cada falha como uma surpresa a mais, como uma triste lembrança de que nossas esperanças de mudar o mundo estão fadadas a não sair do reino da fantasia, devemos compreender um aspecto mais profundo e perigoso de nossa vida inconsciente. Repetimos porque aprendemos a repetir, porque não sabemos atuar de outro modo, e não porque seja um comportamento "instintivo". Nenhum instinto nos leva a gozar com o sofrimento. O fracasso não está integrado em nós enquanto organismos biológicos, e sim incrustado em nossa história de seres falantes, uma história que se estrutura em torno de dimensões de classe, raça e gênero, uma história de dominação que infelizmente se repete nas próprias organizações que viemos construindo para derrubar esse malfadado sistema.

Nossos movimentos de liberação repetem o que vivemos na família. Na clínica psicanalítica podemos ver como o vínculo íntimo entre gozo e sofrimento vai sendo forjado na história familiar como uma função de nossa sexualidade. Depois, nas organizações políticas, esse vínculo se manifesta em batalhas mais abertas por status e poder. A questão é como romper o conluio com essas formas de relação social que sabemos equivocadas, e abrir espaço para a reflexão e a ação. É possível traçar um caminho em uma direção mais progressista, convertendo a cega compulsão à repetição em aquilo que a psicanálise conceitualiza como a força que move o sintoma.

Compulsão e sintoma

A repetição do fracasso e de estruturas tem um aspecto compreensível e reconhecível. Por exemplo, sabemos como é tentador para representantes dos trabalhadores sucumbir e saborear as migalhas de gozo oferecidas pelos empregadores, como passar um tempo fora do ambiente de trabalho confraternizando com os chefes, talvez compartilhando bebidas e comidas nas reuniões, tendo acesso a um estilo de vida que oferece comodidades ausentes na convivência com seus companheiros nas fábricas ou no campo. Os trabalhadores podem ser seduzidos por seus patrões até o ponto de querer o que eles querem, inclusive que os patrões vençam, evidentemente à custa dos trabalhadores. É assim como os trabalhadores buscam às vezes o próprio fracasso, ao alienar seu desejo no desejo do outro, adotar o discurso do outro, o ponto de vista do outro, do seu inimigo. A consequência mais grave no longo prazo é que as estruturas burguesas começam a se incrustar em uma camada do movimento operário, que dá aval aos valores dos empregadores, entre eles a ficção dos "interesses compartilhados" e do "bem comum". Temos então uma base material para o conhecido argumento marxista de que a ideologia opera mediante a difusão das visões de mundo dos empregadores entre a população trabalhadora, isto é, a conversão das ideias da classe dominante em ideias dominantes. Aqui há replicação de ideologia e estrutura, em uma repetição às vezes consciente, mas quase sempre inconsciente.

Replicação

Os dirigentes sindicais têm privilégios que podem levá-los a defender seus interesses particulares, na condição de cúpula burocrática do movimento operário. Há nesse caso uma replicação de ideologia e estrutura que pode ser combatida por meio da prestação de contas e da rotação de cargos. No entanto, mesmo com essas medidas, é difícil evitar certos efeitos da determinação estrutural das posições de poder. Encontramos o mesmo funcionamento no colonialismo, e por isso faz sentido afirmar que o movimento operário está de algum modo "colonizado" pelos valores e pela ideologia da classe dominante.

No caso do colonialismo, vemos representantes locais comprados pelos invasores e convertidos em uma classe particular, tendo mais em comum com os senhores coloniais do que com os escravos que alguma vez foram. Conhecemos bem o fenômeno dos colonizados que voltam aos seus países de origem e se vestem e comem como seus senhores colonizadores, diferenciando-se da população local; mas devemos entender que esse gozo vem do sofrimento, que o sujeito colonial está dividido, debatendo-se entre duas lealdades opostas, a que ele deve ao seu povo e a que deve a seus patrões, e vive então angustiado pela conivência com estes últimos.

O sujeito costuma ficar dividido entre impulsos contraditórios, o de replicar e o de não replicar a estrutura econômica e a ideologia dominantes. Mas há algo além dessa replicação, que uma análise psicanalítica do gozo e do sofrimento nos ajuda a detectar. A repetição não resulta de uma escolha consciente, embora sem dúvida haja momentos de crise nos quais o sujeito tem de decidir a quem presta sua lealdade.

As crises são tão angustiantes justamente porque há algo a captar dessa repetição que costuma ficar inconsciente, descontrolado, compulsivo. A compulsão a repetir se materializa na clínica na forma de um sintoma particular que o sujeito traz consigo como expressão de conflito e dor. Essa dor psíquica tem sua base material em uma estranha combinação inconsciente da história pessoal com a do meio social, que diz às pessoas como devem gozar e como devem sofrer.

Há assim um processo repetitivo de duas vias na vida cotidiana sob o capitalismo contemporâneo. O primeiro aspecto opera no mundo externo, por meio da repetição de formas diversas de opressão e exploração nas relações sociais e institucionais. A psicanálise tem algo valioso a dizer a respeito desse processo, porque as forças materiais político-econômicas também arrastam os indivíduos para padrões de comportamento autodestrutivos.

Essas forças atraem e recompensam os indivíduos por comportamentos que reproduzem estruturas materiais de dominação, de classe, de poder geopolítico, assim como aquelas da família e da distribuição de poder entre os sexos ou entre os de "corpos capazes" e os "incapacitados". Às vezes há contradições sintomáticas entre aqueles que resistem às estruturas dominantes, com uma resistência que fala de liberdade, e reações estruturais caracterizadas por sua violência, por sua violenta repetição, que falam de opressão.

O segundo aspecto desse processo repetitivo opera de modo ideológico, estreitamente vinculado ao domínio estrutural material, político-econômico, mas também intimamente conectado aos mundos da vida pessoal, o chamado "mundo interior", daqueles que estão sujeitos ao poder. É nesse mundo que nos refugiamos, como se pudéssemos escapar da opressão ao nos enfiarmos dentro de nós; mas não é possível, não há como fugir para o *self* individual. Quando tentamos manter distância da ideologia e dizer algo sobre como a experimentamos, não conseguimos nos desprender dela, distorcemos o que dizemos, ou então temos dificuldades para falar, e nosso ponto de vista se deslegitima.

As contradições que emergem aqui são também sintomáticas: isto é, surge um conflito entre a repetição da queixa seguida pelo fracasso, que falam de opressão, e a obstinação do desejo, que fala de liberdade. A tarefa clínica psicanalítica é permitir que os sujeitos falem, que tenham direito a dizer algo sobre sua experiência e seu desejo, e aqui, claro, a clínica se torna política, ou melhor, revela-se como o que sempre foi, pois, como proclama o feminismo socialista, o pessoal é político, ou, como dizemos na psicanálise, o inconsciente é política.

Esquecer o inconsciente nos faz esquecer a política. Isso pode ocorrer quando a repetição ideológica ou econômica nos habitua àquilo que se repete, petrificando-o e naturalizando-o, fazendo-o parecer inevitável, como um efeito necessário da força das coisas ou da natureza humana. A psicologia e outras ciências intervêm aqui para nos oferecer concepções da humanidade por meio das quais se pretende justificar aquilo que se repete, buscando racionalizá-lo, universalizá-lo e despolitizá-lo. Esquecemos então a política, porque esquecemos que a repetição é histórica e pode ser interrompida por aqueles que estão submetidos a ela, por nós, sujeitos. A psicanálise nos lembra que esse sujeito existe, ela lhe dá a palavra, escuta o que ele tem a dizer sobre seu sintoma, e por isso deve nos ajudar a repolitizar o que se repete e se manifesta sintomaticamente.

É quando se torna compulsiva que a repetição dá lugar a um sintoma tratado clinicamente pela psicanálise. Cabe ressaltar que o sintoma é, no fundo, um conflito, mas um conflito de um tipo bastante particular. É um conflito no qual um desejo depara com uma proibição, com uma repressão. O conflito entre o que se deseja e as forças que o excluem, que o reprimem, é mais complicado do que parece. A complicação que a psicanálise introduz no quadro também tem profundas implicações na maneira como conceitualizamos nossa luta política. Em uma luta progressista, o desejo de liberdade, e, muito mais que isso, o desejo de um mundo em que todos sejam livres, colide com as formas de poder que o capitalismo, o colonialismo e o patriarcado mobilizam contra nós. Em outras palavras, o desejo é confrontado com a repressão.

Devemos ter o cuidado de tratar os desejos de mudança como aquilo que são, algo criado historicamente, e não como expressões de forças universais preexistentes surgidas do interior de cada sujeito individual ou do núcleo original de grupos humanos. O desejo de liberdade nessas condições miseráveis do século XXI é muito diferente do desejo em outros momentos da história. Sim, é claro que há algo de humano, criativo, que depois se vê distorcido e reprimido por aqueles que têm o poder, e, sim, também o mais provável é que sempre tenha sido assim.

Mas nossos atuais desejos, os que reivindicamos contra os sistemas contemporâneos de dominação, são criados por nós, historicamente criados por nós como seres históricos. Esses desejos se articulam agora em torno de uma imagem de outro mundo, no qual haverá uma gestão coletiva dos recursos naturais, o fim da segregação racista, o empoderamento das mulheres, a inclusão de corpos de diferentes tipos e a preservação do planeta. As demandas que fazemos são respostas àquilo que nos está sendo negado no mundo em que vivemos.

Já sabemos que há uma imagem popularizada da psicanálise que trata cada indivíduo como uma panela de pressão, com forças instintivas que lutam por sua liberação. Essa imagem é conveniente para aqueles que querem reduzir nossa luta a uma espécie de ressentimento em relação às regras de comportamento civilizadas em uma sociedade que precisa equilibrar as necessidades de cada um com as da maioria. Na realidade, como temos visto aqui, o que a nossa psicanálise propõe a respeito do conflito entre o desejo e a repressão é algo muito diferente. É a forma de repressão por si mesma que dá lugar a formas de desejo. É justamente o proibido que é chamado a ser, em razão de sua proibição. Proibir um desejo é despertá-lo, incitá-lo, provocá-lo. Depois, o desejo proibido pode articular-se de maneira reacionária ou progressista, autodestrutiva ou criativa.

Um desejo proibido pode tentar ser satisfeito de um modo subversivo que desafie os diversos dispositivos repressivos, mas também pode buscar uma satisfação adaptativa, lucrativa, explorável no capitalismo, que implique a repressão, que seja intrinsecamente repressiva. Portanto, as duas expressões do mesmo desejo podem se opor na esfera individual, mas também na social. Há contradições evidentes entre as perspectivas do narcotráfico e o movimento pela legalização das drogas, a pornografia e a liberação sexual, o fundamentalismo e o anticolonialismo, o capitalismo negro e o antirracismo anticapitalista, o ecocapitalismo e a verdadeira ecologia.

Em todos os casos, uma verdade se contradiz à sua expressão reprimida e repressiva, mistificada e recuperada. É o mesmo processo que ocorre em cada existência individual na qual o desejo não pode evitar enfrentar seu resgate e sua justificação pelos dispositivos repressivos. Assim como ocorre com o indivíduo na clínica ao lutar para atribuir sentido à repressão e tomar decisões sobre o que quer, também ocorre no âmbito político quando debatemos coletivamente e criamos formas de organização para desafiar as formas de repressão que tentam apropriar-se de nossos desejos, manipulá-los, explorá-los e impedir-nos de falar e atuar.

Contradição

Os conflitos que acabamos de mencionar condensam-se em um sintoma quando o contexto clínico permite ao sujeito transformar um conflito aparentemente insolúvel em uma *contradição* que pode ser tratada dialeticamente. Assim, a partir das condições existentes que determinam a possibilidade de ação, criam-se novas alternativas. Essa tarefa clínica é também política, já que requer conectar as experiências de vida do sujeito a uma compreensão dialética, necessariamente reflexiva e crítica, das redes de relações que o converteram naquilo que é.

Se a psicologia convencional e a psicanálise psicologizada costumam parecer apolíticas, é porque sua política costuma voltar-se para o que é dominante e repetitivo. Não se trata de uma alternativa genuína, porque não desafia as condições existentes que estabelecem restrições à ação e impõem certas proibições. A singularidade do sujeito é uma questão política. Temos direito a nos opor politicamente às profissões psi conservadoras e convencionais que atualmente nos dominam e encobrem e obscurecem qualquer alternativa radical, imprimindo a própria orientação e coloração a quase tudo, impondo teorias a respeito dos benefícios da adaptação, repetidos incessantemente para justificar muito do que é feito a nós neste mundo.

A política adaptativa é imposta aos sujeitos quando o psicólogo fala em lugar deles e reinterpreta sua vida, a vida de seus "clientes", em função do que o profissional sabe, do que já sabemos, do que é repetido incessantemente, do psicologicamente normal e normativo. Basta deixar o sujeito falar e saber escutá-lo com atenção e paciência, que é o que deve ser feito em psicanálise, para terminar descobrindo outra política, a de seu desejo e sua experiência da repetição. Então o espaço da clínica psicanalítica opera em acentuado contraste com o funcionamento repetitivo do sistema capitalista. Não corresponde às suas normas ou aos padrões da previsibilidade, adaptabilidade e aparente flexibilidade desse sistema.

O sujeito age "normalmente" ao se comportar de modo previsível, ao ser tão repetitivamente assertivo, possesivo e competitivo como querem que seja, ao dizer, pensar e sentir apenas o que deve, calar seu desejo e sua experiência, e contribuir, por meio de seu trabalho e seu consumo, a repetir as operações materiais opressivas e exploradoras do capitalismo. A repetição não exclui aqui a flexibilidade. Ele tem a permissão e é até incentivado a ser flexível dentro dos limites estabelecidos para ele de acordo com categorias, como sua identidade, seu estilo de vida e sua posição de classe, que podem ser cultivadas e vendidas como "nichos de mercado".

Cada um repete a seu modo aquilo que faz e pensa. Essas repetições ideológicas e socioeconômicas são indissociáveis entre si e se apoiam umas às outras. Seu entrelaçamento cada vez mais inextricável é uma das maiores forças do atual sistema capitalista neoliberal e um dos maiores desafios aos que lutamos contra ele.

Um grande problema subjacente e abrangente que enfrentamos hoje em dia é a complexidade intrínseca do capitalismo global, o imbricamento de fatores materiais e ideológicos, estruturais e simbólicos de domínio e persistência, agravados pelas soluções incompletas e distorcidas disponíveis às organizações de esquerda e de liberação. Pelo menos podemos ver claramente as duas forças em litígio, ambas aprisionadas na repetição. Por um lado, no poder, está o ímpeto compulsivo de acumular e proteger o capital, fruto da exploração, que adquire um caráter obsessivo e repetitivo. Por outro lado, na resistência, estão as organizações de esquerda, que com excessiva frequência mostram-se capturadas de maneira repetitiva em sua própria história falida, cometendo os mesmos erros de sempre.

A história de nossas lutas de classes, e do processo mais amplo e fundamental de liberação das diversas formas de opressão, com tantos séculos de esforços, tem sido uma história de repetições, do mesmo modo que incluiu também às vezes, vale lembrar, acontecimentos fortuitos completamente fora de nosso controle. Esse é o contexto repetitivo interminável, quase insuportável, que depois é replicado na existência individual. Busca-se convencer as pessoas de que são livres e independentes desse duplo processo histórico, material e ideológico, e depois elas se ressentem de seus fracassos de maneira ainda mais profunda. Não conseguem arcar com a evidência de que têm tão pouco poder sobre suas vidas. Tampouco sabem como lidar com a repetição e com sua lei de ferro, com a necessidade e com a casualidade, com a fatalidade e o destino. É também com todo esse material simbólico tão complexo que a psicanálise trabalha.

Na prática psicanalítica, as pessoas falam e tentam "associar livremente", dizer tudo o que lhes vem à cabeça, falar com liberdade, sem censura. Procuram dizer algo novo, algo desconhecido, mas fracassam. Fracassam pois ouvem a si mesmas reiterando as histórias de sempre, aquelas que lhes foram contadas a respeito do que elas são, as que se materializaram em suas próprias vidas. Essas histórias precisam ser repetidas para impedir que outras histórias sejam contadas ou aconteçam. A livre associação revela ao sujeito os pontos de seu discurso nos quais não lhe é possível dizer tudo e, mais significativamente, onde há pontos de bloqueio, obstáculos para a fala e para a ação. O que emerge nesses pontos é outra face da repetição, a recorrência do conflito, um conflito do qual participam tanto o desejo quanto a repressão.

A compulsão a repetir se desmascara e se condensa em um sintoma, em uma contradição dialeticamente organizada no cerne do ser do sujeito, uma contradição que pode abrir novos caminhos e criar novas condições de possibilidade para o discurso e a ação. Esse trabalho psicanalítico na clínica não é nenhum modelo perfeito para a luta política, e não estamos sugerindo que deva funcionar assim, mas oferece lições poderosas para aqueles que lutam coletivamente contra o poder. Desse modo, a estranha liberdade limitada que aparece na clínica psicanalítica conecta-se com as formas imprevisíveis de liberdade coletiva que os movimentos de liberação objetivam criar no mundo.

Liberdade para repetir e falhar melhor

Uma lição progressista da psicanálise é que, diante da compulsão a repetir, é possível abrir novas possibilidades de escolha, mesmo continuando com certeza preso à repetição, pois não há maneira de liberar-se do inconsciente. Talvez nem sempre tenhamos sucesso em obter o que desejamos. Não devemos esquecer que somos *sujeitos divididos*. Às vezes somos nós mesmos que nos impedimos de conseguir o que queremos. E nem sequer temos a absoluta certeza de que nossas aspirações são de fato nossas, algo que seria impossível, pelo menos na sociedade atual e ainda por algum tempo mais, pois, mesmo libertos dos maiores obstáculos sociais à nossa satisfação, continuaríamos perseguidos pela história de alienação e dominação que moldou quem somos e a maneira de falar a respeito de nós mesmos. No entanto, mesmo que continuemos a fracassar, podemos alcançar alguns verdadeiros êxitos e decidir com maior conhecimento da diferença entre o sucesso e o fracasso.

Podemos abrir um espaço de liberdade, um espaço que é limitado na clínica psicanalítica, mas talvez não tanto no âmbito político. Esse espaço não deve excluir necessariamente aquilo que é repetido. Até agora enfatizamos o aspecto restritivo da repetição, o da incessante replicação do mesmo, mas agora queremos chamar a atenção para outro aspecto da repetição, aquele que sempre traz algo diferente em seu interior. O espaço de liberdade oculto na repetição e, com tanta frequência, compulsivamente encerrado na prisão do eu individual é um espaço diferente. É um espaço de tensão cada vez maior, de crescente agravamento das contradições, mas também, por isso mesmo, de resistência, insistência e perseverança, e de inevitáveis formas simbólicas de distanciamento ou deslocamento em relação ao que se repete. O que temos aqui não é apenas repetição do mesmo, mas também uma repetição na qual vai sendo criada uma diferença.

O diferente deriva da própria repetição. Por um lado, os vários contextos nos quais se opera a repetição mudam o sentido do que é repetido, pois a vida avança, as circunstâncias são outras, há decepções e aprendizagens, e então o mesmo não é mais exatamente o mesmo, mas algo sutil ou dramaticamente diferente. Por outro lado, aquilo que é repetido duas vezes não pode na segunda vez ser igual à primeira, justamente por estar ocorrendo pela segunda vez, pois já houve a primeira, e porque já é algo repetido e não algo novo.

A repetição pode implicar insistência ou um reforço de ênfase, mas a repetição também cede, delata a si mesma, torna-se incômoda, até mesmo insuportável ou insustentável. Tudo isso provoca sentimentos, pensamentos e comportamentos diferentes diante daquilo que é repetido. E se a repetição prossegue, pode afastar o sujeito daquilo que é repetido, julgá-lo criticamente com certo distanciamento, ainda mais se a repetição tiver lugar em um contexto crítico e reflexivo, como o da psicanálise e o dos movimentos de liberação.

Significantes

As pessoas repetem com suas palavras o mesmo que têm repetido em suas vidas. Sim, é assim mesmo. É dessa maneira que tentam ter noção de como as condições materiais e ideológicas da vida estão incrustadas no inconsciente e em suas respostas repetitivas aos acontecimentos, impulsionadas inconscientemente. À medida que os bloqueios reaparecem várias vezes em seu discurso, as pessoas também repetem e experimentam essas relações de obediência que tantas vezes no passado as impediram de falar.

A diferença é que agora, em seu processo psicanalítico, têm uma segunda oportunidade para, quem sabe, chegar a dizer o que não disseram antes. Quando isso ocorre, suas palavras, como *significantes*, fazem com que as pessoas sejam estimuladas a avançar e assumir certa distância em relação à sua vida anterior. Há então uma liberdade limitada e potencial.

De qualquer modo, mesmo quando as pessoas repetem, essa repetição não é a simples replicação das mesmas palavras ou ações, dos mesmos elementos simbólicos de nosso discurso, seja oral, escrito ou existencial, que denominamos "significantes". Cada significante, cada palavra ou ação ou coisa no mundo humano, já faz parte de um sistema de significação que lhe confere seu valor e o torna em tese suficientemente compreensível às outras pessoas para que possa funcionar como forma de comunicação e de ideologia. Os significantes se combinam e operam como os blocos de construção do mundo simbólico que compartilhamos em nossas diferentes linguagens.

Os significantes, com suas repetições e suas conexões, são ouvidos pelo "analisando" que participa de uma experiência clínica de psicanálise. Esse "analisando" é muito diferente do "paciente" tratado pelos psiquiatras ou do "cliente" atendido pelos psicólogos. É o nosso analisando que faz a análise. Não recebe um tratamento do analista, em vez disso toma a cura nas próprias mãos. É um sujeito, não um objeto. O que diz não é interpretado pelo analista, mas por ele mesmo. Sua interpretação de certas palavras é feita com mais palavras, agregadas às anteriores e que, por sua vez, devem ser interpretadas pelo próprio analisando. O sentido mais íntimo dessas palavras apoia-se nelas mesmas, nas complexas relações entre elas, e não além delas, não em uma suposta profundidade possível de ser explorada apenas por um analista que procedesse como uma espécie de profeta ou adivinho ao "ler" o sintoma.

Não é preciso descer muito além da superfície para averiguar de que modo estão operando os significantes atuantes em um sistema superficial de significação, que sempre está fora de nosso controle, que é inconsciente para nós. Os significantes operam de acordo com aquilo que fazemos com eles, segundo o que eles fazem conosco, e estão sempre presentes, naquilo que dizemos e ouvimos. Por exemplo, o termo "liberação" é um significante, assim como qualquer outro termo político usado para definir quem somos e qual pode ser a nossa identidade coletiva – por exemplo, "trabalhador", "mulher", "indígena" ou "deficiente". Os significantes são definidos para nós dentro de um sistema simbólico, mas podemos ter a iniciativa de trabalhar neles e reelaborar seu significado. Assim como ocorre no nível político coletivo, na clínica o sujeito escuta os significantes que lhe foram dados para que defina sua identidade e se esforça para assumir o controle e refazê-los, nem que seja por um instante.

Os significantes adquirem diferentes sentidos segundo seu lugar na linguagem contraditória e sempre mutante que falamos, e naquela que nos rodeia e sobre a qual atuamos quando mudamos a nós mesmos ou mudamos o mundo. Sabemos muito bem disso pelas tentativas de reabilitar os significantes que vêm sendo usados para falar de nós de modo opressivo ou repressivo, como "negro", "louco", "gay" ou "indígena". Apropriamo-nos desses significantes e os reconhecemos outra vez como parte de nossa luta política progressista, pronunciando-os com orgulho em lugar de vergonha.

As mesmas coisas, ações e palavras, nunca são exatamente as mesmas, já que se situam em contextos culturais e históricos contraditórios e em constante mudança. Ao mesmo tempo, os significantes têm uma carga diferente de sentido para cada sujeito singular, e "liberação" pode significar algo diferente em contextos diversos. A clínica psicanalítica atenta para o papel específico dos significantes na existência de cada sujeito. Podemos imaginar que sabemos o que significam, mas a psicanálise nos mostra que precisamos escutá-los com maior atenção para reconstruir como operam em um sistema simbólico tão compartilhado quanto singular.

Nossa história política, coletiva ou pessoal, não é uma grade fixa e rígida, está sempre aberta, dependendo de qual é o momento da luta que travamos para dar sentido a quem somos e ao mundo ao qual aspiramos. Nosso ser e nossas aspirações contradizem o que se repete, que também contradiz a si mesmo. Essas contradições, em um movimento dialético, provocam uma instabilidade do sistema, que pode ser traduzida tanto no modo como o "capitalismo do desastre" utiliza as crises para se reconfigurar e se fortalecer, quanto em nos proporcionar um espaço de liberdade. O desfecho depende de nós, de nossas reflexões e de nossa atuação, e de nossa capacidade de união, organização e atuação coletiva.

A repetição do mesmo é perpetuada por certas condições, como as relações político-econômicas existentes e suas linhas ideológicas de força, contra as quais resistimos, porque impõem limites à nossa palavra e à nossa atividade. A psicanálise pode nos ajudar aqui a resistir ao nos dar um espaço para experimentar e expressar de que modo repetimos o que dizemos e o que fazemos ao reproduzir padrões de comportamento autodestrutivos. Esse espaço é eficaz na medida em que nos permite refletir sobre a repetição em vez apenas repetir os mesmos velhos e conhecidos padrões de ação.

Em lugar da repetição do mesmo, a clínica abre espaço para o surgimento de algo diferente: a diferença absoluta introduzida por um significante, assim como um sentido absolutamente diferente da própria subjetividade. Esse surgimento da diferença absoluta é uma vitória que pode exigir inúmeros fracassos até redimi-los no final. Estamos condenados a repetir, mas também temos o impulso de introduzir a diferença. Nós, psicanalistas, podemos fazer a diferença na clínica ao abrir um espaço para o diferente, um espaço para que o sujeito seja diferente daquilo que foi estabelecido pelas regras do senso comum ideológico e por seus manuais de psicologia.

De modo análogo, os movimentos de liberação podem fazer a diferença no mundo ao reivindicar ideais divergentes em relação à ideologia dominante, ao querer criar um mundo totalmente diverso, outro mundo no qual a diferença seja valorizada como condição para ser humano. A repetição do fracasso pode, portanto, transformar-se em algo diferente. Algo em nós nos impulsiona a realizar essa transformação, algo que abordaremos agora, no próximo capítulo: a *pulsão*.

4 · Pulsão
Corpo, cultura e desejo

Há algo que nos impulsiona a nos rebelar. Quando nos sentimos impelidos a agir, e mais ainda quando fazemos a diferença, é como se fôssemos uma força da natureza. De fato, nessas horas podemos chegar a ser de algum modo uma força da natureza. Podemos estar com a natureza nesta Terra em lugar de num conluio com a devastadora lógica capitalista voltada a submetê-la e explorá-la.

Quando nos comportamos de um modo adaptado ao meio capitalista, nosso comportamento não só é destrutivo, ele também tem um aspecto falso, artificial e superficial. Ao contrário, nosso ímpeto rebelde parece vir das profundezas inescrutáveis de nosso corpo, de uma parte animal de nós mesmos que irrompe além da linguagem, mas na realidade está entrelaçada com o que dizemos, com o testemunho do que estamos fazendo e, portanto, também com aquilo que somos através das palavras.

A linguagem é inseparável de nosso corpo, de nossos impulsos mais secretos e transgressivos, que têm sempre aspectos cruciais já reprimidos. A repressão, vale lembrar, não só nos pressiona e sufoca, mas também regula o discurso e a ação de tal maneira que produz e estrutura nosso desejo. Se não entendermos essa lição da psicanálise, continuaremos empacados naquilo que é dito que desejamos, em vez de tomarmos decisões coletivas sobre o tipo de mundo mais livre que podemos construir para nós mesmos.

As palavras, enredadas com o que somos, não só nos oprimem, aprisionam, acorrentam e imobilizam. Também podem nos impulsionar a agir e liberar-nos de nossas correntes. O ato resultante pode ser explicado, então, por uma palavra efetiva, subversiva, revolucionária, talvez liberadora. Pode ser uma só palavra, um simples "não", ou mais de uma, como "não, já basta". Palavras como essas conectam-se intimamente com a ação, com o corpo. O que somos como seres humanos está baseado em nosso corpo como algo real e é moldado pela linguagem, pelo sistema simbólico da cultura, através do qual desejamos os outros e desejamos outros corpos.

As pulsões brotam no limite entre o corpo e a cultura. Esse limite é um lugar lesionado, mutilado, extremamente sensível, caracterizado por dor, vergonha, desequilíbrio e impossibilidade. É daqui que surgem as pulsões com sua força dinâmica, que torna possível o desejo. Essas pulsões são o tema do presente capítulo, no qual trataremos da natureza do corpo, de sua vida e de sua morte, do lugar do pulsional na cultura, para o sexo inclusive, e de nosso desejo, intimamente ligado ao desejo dos demais.

Corpos, de vida e morte

Vivemos dentro de nossos corpos, mas estamos alienados em relação a eles. Essa alienação pode intensificar-se no capitalismo quando tememos o que será de nossa vida se nosso corpo se desprender de nós, se deixar de ser capaz de nos levar ao trabalho, deixar de funcionar aqui como força de trabalho que vendemos aos outros. Apesar de vivermos em nossos corpos, há algo alheio neles, e por isso, quando não funcionam, os experimentamos como algo real, sinistro, desconhecido. Nunca podemos conhecer nosso corpo diretamente. O conhecimento de nosso corpo está estruturado pelas imagens que usamos para representá-lo e pelas palavras que usamos para descrevê-lo aos outros. O corpo está mediado culturalmente por representações ideológicas distorcidas. O que sabemos de nós mesmos através da ideologia inclui estranhas ideias alienantes nas quais nossos corpos aparecem de modo implícito como objetos a serem comprados, vendidos, consumidos e gozados por outros.

No entanto, apesar da ideologia e por meio de nosso combate contra ela, também podemos aprender algo mais sobre nossos corpos como lugares de recusa, conhecendo algo deles além ou aquém de sua tergiversação ideológica. Assim, quando falamos com nosso corpo em lugar de falar contra ele, podemos encontrar uma maneira de dizer a verdade. Isso é algo em que a psicanálise nos introduz ao abordar a peculiar conexão contraditória entre os corpos e as palavras, entre nosso ser material e os significantes.

Vida

Os significantes elaborados através da fala em psicanálise assumem a forma de palavras com efeitos poderosos. Seu poder é tão grande que decide o que somos e como vivemos. Os significantes podem atribuir-nos um lugar no mundo por meio das mensagens ideológicas dominantes que estruturam este mundo. Mas também é possível que certos significantes nos liberem dessa estruturação e consigam desse modo curar-nos.

A palavra pode curar, pode curar a dor psíquica que tem efeitos no corpo, ao ser verdadeira e assim dissipar as mentiras e os silêncios que nos adoecem. Essa é uma das razões pelas quais a psicanálise foi chamada, por um de seus primeiros analisandos, de "cura pela palavra". As censuras, amnésias e mistificações ideológicas do capitalismo patriarcal e colonial, como as de nossa família e as de nosso próprio eu, podem ser neutralizadas, transcendidas pelo que dizemos. Falamos a verdade e, no âmbito pessoal político, falamos a verdade diante do poder. Isso envolve também os outros, a nossa vida com eles, que é a própria vida.

Há enunciados verdadeiros que dizem respeito não só a mim. Os demais padecem como eu os efeitos do poder que tenta dividir-nos para nos vencer, um por um. Cada um de nós foi encerrado em si mesmo e sofre alguma forma de opressão e exploração. Os silêncios e as mentiras da ideologia nos enganam, confundem e extraviam todos nós. É lógico então que nos sintamos movidos a procurar uns aos outros e reunir-nos para falar e agir, para denunciar a injustiça e rebelar-nos, para descobrir a verdade e lutar contra o poder. Aqui também, para o bem e para o mal, estamos no reino da pulsão.

Nossa vida tem raízes no impulso, na "pulsão de vida", que nos faz falar e agir. Esse impulso é produtivo e coletivo, relacional, sexual. Não está encerrado no interior de nós, mas nos excede e nos ultrapassa; está entre nós e fora de nós; leva-nos a estabelecer relacionamentos com os demais e assim entretecer o mundo que nos rodeia. Tudo o que é do sujeito, dizemos nós, psicanalistas, passa pelo "Outro", através da alteridade que é a marca da subjetividade humana.

É no outro e através do outro que nossa pulsão vital nos faz viver. No entanto, algo dessa pulsão que nos leva para além de nós mesmos, que está além de nosso controle consciente, pode operar de um modo mecânico, cego, inerte, mortífero, destrutivo e autodestrutivo. A pulsão de vida se revela então como "pulsão de morte".

Cada pulsão é também potencialmente uma pulsão de morte. Seu aspecto mortal prevalece quando nos rendemos a ela, quando nos deixamos cair sob seu peso, quando nos deixamos levar por sua inércia. É o que ocorre quando inconscientemente repetimos as mesmas ações e significantes, quando estamos sujeitos à repetição, a um funcionamento automático destrutivo que hoje é visto materializado principalmente pelo sistema capitalista.

O capital, concebido como um processo, é pura satisfação da pulsão de morte, conversão do vivo no morto, consumo da existência viva dos trabalhadores e da natureza para produzir mais e mais dinheiro morto. No entanto, ao mesmo tempo, o capital funciona e de algum modo vive com a energia vital dos trabalhadores, com sua pulsão de vida, que não deixa de ser o que é mesmo ao se transmutar na pulsão de morte do capitalismo. Os aspectos pulsionais destrutivo e produtivo costumam aparecer empiricamente unidos, indistinguíveis um do outro, e só podem chegar a ser distinguidos por meio de concepções radicais da política e da subjetividade como as encontradas no marxismo e na psicanálise, mas também no feminismo, na teoria *queer* ou no pensamento pós-colonial.

Precisamos de uma psicanálise historicamente sintonizada, conceitualizada como algo constituído na história, para discernir a dupla natureza da pulsão tal como se manifesta em cada período histórico. A cada momento a pulsão é produtiva, é criativa e construtiva, é vida, é o que nos anima a estabelecer vínculos com os demais, para criar a cultura e formas de organização política, e para falar de outros mundos possíveis. No entanto, também a cada momento a pulsão é destrutiva e repetitiva, é a morte, o que se volta contra nós, contra os vínculos sociais que nos sustentam, contra a natureza e contra a cultura. A pulsão é aquilo que obtém satisfação no processo capitalista que devora o planeta e corrói as diversas civilizações humanas. É também, ao mesmo tempo, o que nos dá impulso para resistir a essa devastação generalizada e anima aqueles que lutam por suas culturas, pelo planeta, pela vida e contra o capitalismo. Devemos escolher. Essa é a escolha com a qual deparamos a todo momento e especialmente agora. É possível que nosso corpo se integre a nós quando atuamos, mas também é possível que se aliene e se converta em uma máquina voltada contra nós.

Morte

O capitalismo sempre fez o que foi preciso para nos despojar de nossos corpos. Conseguiu fazê-los funcionar como se fossem independentes de nós por meio de uma divisão do trabalho cada vez mais acentuada. Afastou-nos taxativamente deles; fez-nos desprezá-los e repudiá-los; ensinou-nos a discipliná-los e explorá-los; colocou-nos contra eles. A sorte de nossos corpos é a mesma de nossas vidas. O sistema capitalista se apropria de tudo o que é vivo em nós para transformá-lo em força de trabalho e assim produzir mais e mais capital.

Hoje, nesse estágio tardio do capitalismo do século XXI, a situação é pior ainda. É como se as máquinas que

criamos para nos liberar do trabalho tivessem nos convertido em seus escravos. O imperativo de obter lucros gerou trabalho suplementar, por isso temos cada vez menos tempo,
em lugar de mais. As possibilidades abertas pela tecnologia
são traídas por um afã de lucro que intensifica a exploração
e a opressão de que somos alvo. O imperativo de obter
mais e mais lucro acelera os processos de produção. Essa
aceleração da vida sob o capitalismo nos faz experimentar
os próprios corpos como coisas cada vez mais alienadas,
cada vez mais alheias a nós.

Sob o capitalismo do século XIX, o desenvolvimento da indústria avançou tão rapidamente e de modo tão
destrutivo para a natureza e a cultura, e com tão pouco
cuidado pelas existências dos trabalhadores, que foi como
se tudo o que era sólido se desmanchasse no ar. Agora, com
o desenvolvimento tecnológico e industrial nas mãos de
empresas privadas ou estatais que trabalham por conta do
capital, há uma aceleração alienante desse processo, que
faz com que nos restem apenas os corpos que habitamos,
corpos que devem trabalhar, corpos confrontados com a
ruína. É verdade que nossos corpos estão alienados, mas
podemos resgatá-los, pelo menos em parte, pelo menos
por alguns momentos. Precisamos deles. É apenas com
eles entretecidos com a fala, com a fala verdadeira, que
podemos agir.

Estamos defrontados com uma tarefa contraditória.
Por um lado, temos a face mortal e mortífera da pulsão.
Existem estruturas sociais que se dedicam à própria perpetuação, estruturas personificadas por aqueles que se beneficiam delas ao manter seu poder, ao empregar trabalhadores
com os salários mais baixos possíveis a fim de maximizar
seus lucros. Essa "mais-valia", que os ricos e poderosos

extraem da mão de obra, provém de nossa força de trabalho, mas essa força é a da nossa vida, a do nosso amor e a da nossa criatividade, por isso aqueles com riqueza e poder pervertem, instrumentalizam o que impulsiona todos nós a cuidar de nossos seres amados e a buscar ter um impacto criativo no mundo.

Nossa comunidade humana possível é substituída pelo sistema capitalista, patriarcal e colonial. Nossas relações mais verdadeiras ficam subordinadas às relações de produção, relações de exploração sustentadas por outras relações de poder, dos homens sobre as mulheres, e de racismo e exclusão daqueles considerados improdutivos.

Por outro lado, há uma pulsão de vida, a face amorosa da pulsão. São forças criativas desatadas pelo sistema capitalista, possibilidades de ação e desenvolvimento da cultura. No próprio ventre do capitalismo são geradas as forças que vão derrubá-lo, forças coletivas que se juntam para que possamos trabalhar criativamente, e que nos permitem aprender uns com os outros o valor de trabalhar solidariamente e não uns contra os outros. Essas são as forças de produção, as forças produtivas que também proporcionam a energia dos movimentos de liberação. A pergunta é se continuaremos permitindo que nossos governantes determinem como vamos trabalhar, de que maneira vamos gozar e servir ao seu próprio gozo, ou se assumiremos o controle e seremos nós a decidir o destino de nossas vidas.

A pulsão, o impulso que nos atravessa e que energiza nossos corpos em uma dinâmica inconsciente fora de controle, traduz-se hoje em dia em um impulso de inovação que também é canalizado em um impulso de lucro. A pulsão é uma força corporal que representa um manancial de vida, de amor e de criatividade, mas que se voltou contra nós, para que nos sintamos não só submetidos a ela, mas também capturados por sua lógica. Nossa vida e nossa natureza, assim como a natureza em si, são experimentadas então como ameaçadoras e aterradoras, e por isso costumamos nos afastar uns dos outros, isolar-nos, cada um fechado em seu interior para tentar escapar.

O capital é acumulado é dá vida ao 1%, enquanto para o resto de nós, os que trabalham, os que vendem seu trabalho ou trabalham no lar para sustentar aqueles que vendem seu trabalho, a pulsão é de morte. A pulsão é mortal e mortífera para a grande maioria daqueles que vivem no capitalismo. É o desenvolvimento histórico dessa forma de economia política que faz com que o objetivo da vida seja a morte.

Cultura, de sexo e mais que isso

Uma das esferas onde experimentamos nosso corpo nos levar além de nós, além de nosso controle consciente, é a esfera da sexualidade. O sexo é necessário para a reprodução das espécies, a espécie humana incluída, mas também adquire para os seres humanos um caráter prazeroso supérfluo e às vezes doloroso. O que nos impulsiona ao sexo não é em absoluto necessário, e é por isso que muitas pessoas podem prescindir dele, mas o sexo coloca questões fundamentais sobre a natureza do corpo e sua relação com o gozo e com o sofrimento, questões essas que motivaram o desenvolvimento da psicanálise.

Com frequência murmura-se que a psicanálise é obcecada pelo sexo, mas seria mais exato dizer que a psicanálise nos ajuda a compreender por que nos sentimos impulsionados ao sexo em uma cultura obcecada com uma determinada série de imagens intensamente ideológicas daquilo que o sexo deve ser. Trata-se da mesma cultura que exige que trabalhemos para ela e que nos proíbe formas de gozo que não sejam funcionais, quer para a reprodução da força de trabalho na família, quer para a obtenção da mais-valia no consumo, quer para o embelezamento cosmético do capitalismo na ideologia. Embora o sexo possa ser explorado dessa maneira, nessa cultura a proibição do sexo é maior do que a exigência dele, mas essa proibição em si tem o estranho efeito de incitar, provocar e exigir-nos desfrutar dele.

Proibição

Para nós, seres humanos, não há atividade sexual corporal sem *proibi*ção – proibição e transgressão. O sexo converteu-se em um dos pontos-chave, para os quais somos impulsionados pela demanda inconsciente de transgredir, gozando transgressivamente como se houvesse algo íntimo que devesse ser liberado. Não é de estranhar, portanto, que a própria atividade sexual, que, segundo nos é dito, deveria produzir prazer, também costume produzir vergonha, culpa, solidão, ciúmes, violência, angústia e dor.

O sexo tem sido tão importante para a psicanálise justamente por ser um âmbito no qual o gozo e o sofrimento estão intimamente ligados. Uma vida alienada infeliz une esses dois aspectos mais estreitamente ainda, seja na realidade, ao experimentarmos o sexo, seja nas fantasias sobre o que nos falta, sobre o que nos dizem que nos falta.

É impossível compreender nossa atual experiência da sexualidade sem uma concepção do inconsciente, o que está além de nós e nos leva além do eu, e da repetição que nos dá o gozo e o sofrimento, e também da pulsão. A pulsão dá vida e é uma expressão da vida quando o sexo opera, de formas diversas, entre elas a reprodutiva. Dizem-nos que é essa a forma obrigatória na qual o sexo deva operar, mas não é assim. Sempre há mais do que aquilo que nos é dito, mais coisas que nos são proibidas e estimuladas, empurradas para fora da consciência e aludidas, sugeridas, provocadas sob a forma de um gozo transgressor pessoal mais profundo. Mesmo para aqueles que têm relações sexuais como supostamente deveriam, há prazer e dor quando seguem esse duplo mandato de se ajustar aos códigos culturais e ao mesmo tempo ir além deles.

É por isso que a psicanálise concede tanta importância à sexualidade. As pessoas buscam refúgio no sexo e se perguntam por que ele geralmente não lhes traz consolo. São impulsionadas ao sexo, e este as conduz às condições neuróticas para as quais a psicanálise foi inventada como tratamento. E os que não fazem sexo como lhes dizem para praticá-lo veem-se perseguidos por uma cultura que continua pressionando-os para se ajustarem ao que se exige deles e, além disso, os conduz a um sofrimento solitário que a psicanálise pode ajudar a desbloquear.

Tomemos, por exemplo, o intercâmbio de sexo e amor que ocorre com tanta frequência na família nuclear e que está implicitamente sancionado pelo contrato matrimonial, ou a troca mais explícita de sexo por dinheiro, quando quem tem poder, geralmente os homens, podem usá-lo para dominar os outros, geralmente mulheres, fazendo com que sirvam seus corpos e lhes deem gozo. De um lado, o gozo; do outro, o sofrimento. Com frequência combinados. É assim que o sexo se converte em trabalho, para depois ser mercantilizado e explorado, como todo trabalho sob o capitalismo. A resposta não é simplesmente proibir o trabalho sexual, mas transformar o trabalho como tal, primeiramente lutando para que as trabalhadoras do sexo tenham direitos e depois aplanando o caminho para um mundo no qual a mercantilização e a exploração do sexo sejam impossíveis.

A psicanálise nos ensina que a proibição de qualquer coisa, inclusive o sexo, não é uma solução, e que nossa tarefa é compreender as estruturas de repressão e lidar com elas. Com as novas estruturas que formos capazes de criar coletivamente, surgirão novas possibilidades para o desejo, para desejar os demais, e novos caminhos para as pulsões, caminhos nos quais o gozo de um não exija mais a humilhação e o sofrimento do outro.

Sentimos a pulsão como se estivesse dentro de nós, mas na realidade está no limite entre o dentro e o fora, ou melhor, como o próprio Freud explica, na fronteira entre o psíquico e o fisiológico. O fisiológico adquire forma e significado por meio daquilo que entendemos ser, pelo que nos dizem que são as nossas necessidades e os nossos desejos, enquanto "o psíquico" é em si mesmo, tanto fora como dentro de nós, nossa subjetividade, que, por sua vez, como aprendemos com Marx, é "um conjunto de relações sociais".

Essas relações são produzidas pela cultura que nós mesmos criamos, mas, em uma sociedade alienada como a nossa, criamos nossa cultura e nossa história em condições que não são as de nossa escolha. O que devemos fazer, e o que a psicanálise nos guia para que possamos fazê-lo, é compreender a realidade da "segunda natureza" da nossa natureza humana, a segunda natureza, isto é, a cultura.

A história e a cultura moldam e modificam incessantemente a esfera da pulsão. Devemos ter claro que a pulsão não se conecta biologicamente ao "instinto" e que tampouco existem instintos de vida e morte entendidos como entidades biológicas separadas. Existem certamente processos instintivos relacionados com a alimentação, com o sexo e outras necessidades biológicas, processos que são função de nossa evolução mais profunda como espécie animal, mas estes são sempre interpretados por nós, de maneira consciente ou inconsciente.

Aquilo que impulsiona nossos corpos, que é tão alienado quanto esses corpos que rotineiramente tratamos como meros veículos para trabalhar no capitalismo, é sempre mediado e moldado pela cultura. O elemento cultural é indissociável do elemento pulsional. A pulsão não é um "instinto" natural que precede a cultura, mas algo essencialmente humano, tão humano quanto as culturas que criamos e inerente a elas. Não podemos nos liberar da cultura em nome de nossos impulsos; e menos ainda nos liberar de nossos impulsos em favor da cultura.

Não é essa a questão proposta pela psicanálise. Tampouco é a questão proposta pelos movimentos de liberação. É uma questão enganosa que nos leva por caminhos ilusórios a uma ideia errônea da pulsão como força instintiva que precisa ser "liberada". Recaímos assim na imagem ingênua, reducionista e falsamente psicanalítica do inconsciente dentro da cabeça, como dentro de uma panela, e da pulsão como vapor que se projeta para fora dessa panela. Em lugar do falso dilema ideológico da questão falsamente psicanalítica de decidir entre pulsão e cultura, nossa psicanálise está em sintonia com a questão proposta pelos movimentos de liberação. A questão é entre dois modelos culturais diferentes, ou seja, se devemos continuar tolerando uma cultura que beneficia somente o 1%, permitindo-lhe arrebatar a vida e condenar à mera sobrevivência os 99% restantes, ou se podemos agora começar a criar outra cultura na qual todos possam viver e prosperar.

Interpretação

A pulsão é o resultado da *interpretação* do instinto, de sua alteração, complicação e perversão ao passar pela linguagem, pela ideologia, pela cultura e pela história. Tratamos aqui do impulso e de sua interpretação, os dois ligados. As palavras transmutam o instinto em algo que já não é apenas biologia e fisiologia. O pulsional está no limite do fisiológico e do psíquico. Sua origem está na fantasia e não só no corpo. Não é algo dado naturalmente, mas um produto histórico. Mantemos essa premissa fundamental da psicanálise contra a reformulação ideológica da pulsão como algo de natureza humana imutável. Nossa humanidade transforma a pulsão pelo mesmo gesto com que transforma a si mesma.

O pulsional se transforma incessantemente sob a determinação do simbólico, dos significantes, da cultura e da história. Isso não quer dizer que não seja real. A pulsão é real, ultrapassa as palavras, não pode ser contida nem canalizada pelo simbólico, resiste a qualquer simbolização, emerge como uma força implacável, fora dos significantes que usamos para dar sentido ao que está acontecendo conosco.

Para além de qualquer sentido, a pulsão é ela mesma uma parte do que está acontecendo conosco. Ela se forma dentro de nossas vidas, como vida, ao se elaborar na linguagem, nos significantes que estruturam nosso discurso e nossa ação. É um efeito real do simbólico. Esse aspecto real da pulsão é o que a faz aparecer, por um lado, no corpo, como força instintiva, necessidade imperiosa de comida ou sexo, e, por outro, no discurso, através de operações perturbadas, excessivas, absurdas ou inúteis, como rituais, muletas linguísticas, exagerações, automatismos e significantes repetitivos nos quais ficamos à mercê da repetição ideológica sem sentido, à ideologia como máquina. A ideologia é, de fato, como uma máquina. Há nela algo de maquinal, morto e mortífero. É uma espécie de manifestação da pulsão de morte. Afoga a novidade na repetição e converte a criatividade em algo agonizante. A ideologia é vida morta, uma ilusão de vida cujo fim é a morte, uma distração mortal que nos impede de viver. Descobrimos aqui uma das faces da sexualidade neste mundo enfermo: o sexo intimamente ligado ao sofrimento assim como ao gozo, a face do sexo que coloca questões candentes a respeito da subjetividade no capitalismo, questões que deviam ser abordadas, que não poderiam ser ignoradas, e por isso contribuíram para o surgimento da psicanálise. Portanto, mais uma vez, quando falamos em pulsão, devemos falar de sexo.

Sexo

É na pulsão que nossas necessidades biológicas, entre elas a de sexo, são reconfiguradas como necessidades sociais. Essas necessidades são criadas, expressas e reprimidas em função da estrutura da família, da propriedade privada e do Estado. As instituições culturais e históricas não excluem simplesmente as tendências naturais, elas as absorvem, utilizam e modificam, além de se apoiarem nelas.

Por exemplo, quando a reprodução instintiva da espécie sustenta o funcionamento institucional social ou familiar e depois é moldada por ele, vemos como o processo biológico se transmuta na sexualidade humana liberada já de sua ancoragem na reprodução, assim como diversificada e complicada ao nível da pulsão. É assim que o erotismo pode impregnar o consumo, a publicidade, a indústria cultural e a liderança carismática. A psicanálise mostra que até o trabalho científico, a crença religiosa e os ideais políticos envolvem elementos eróticos idealizados, sublimados ou racionalizados.

O próprio sexo se transforma em um dos pontos nodais da sociedade, como apoio do poder, mas igualmente como rebelião contra ele. É também por isso que o sexo se revela fundamental para a psicanálise: porque opera como o núcleo histórico sintomático das relações sociais na sociedade de classes. Essas relações de dominação, mas também de luta e conflito, articulam-se em torno e em função de um eixo sexual. O patriarcado mostra-se indissociável do capitalismo. O consumismo e a voracidade capitalista revelam tendências possessivas altamente sexualizadas.

Nenhum homem é uma ilha, mas o capitalismo o move a imaginar que é, e imaginar que a única forma de amar alguém é possuí-lo. As mulheres, frequentemente reduzidas ao nível de objetos possuídos pelos homens, também podem cometer o mesmo erro. Como disse um sábio romancista comunista, gostar é provavelmente a melhor maneira de possuir, e possuir é a pior maneira de gostar.

Nossa sexualidade não é apenas o que há de mais animal em nós, mas também o mais humano, o mais característico da nossa humanidade. A cultura humana decorre de certo metabolismo cultural da sexualidade. É em sua condição de seres sexuais, sexuados, que os seres humanos são seres sociais. Sua socialização é um processo pelo qual a sexualidade é simbolizada, mantida e transcendida simbolicamente, torna-se palavra, parte da linguagem e, portanto, do desejo, amor, amizade, solidariedade, relações sociais, instituições culturais, ação política e outras práticas simbólicas animadas por nosso desejo.

Não há uma pulsão sexual específica, assim como tampouco há algo pulsional preexistente que seja intrinsecamente ligado à vida ou à morte, mas nossa cultura vincula a pulsão ao sexo percebido como o que há de mais pessoal, privado e oculto em nós. É assim que todo mundo termina vinculado à cultura do sexo, quer pretenda evitá-la ou não, e à sexualização das mercadorias para torná-las mais atraentes, para que vendam mais.

Nossa sexualidade é instrumentalizada pela dominação em lugar de ser uma via de liberação. Nessas condições, a resposta psicanalítica não pode ser simplesmente exigir mais sexo. Isso é uma caricatura da posição de Freud, uma caricatura que atraiu alguns dos chamados "freudo-marxistas", que tentaram radicalizar a psicanálise promovendo uma combinação de Freud e Marx que se mostrou às vezes, mas só às vezes, excessivamente precipitada e simplista.

Como temos explicado, a tarefa não é liberar pulsões preexistentes para nos tornarmos felizes. Essa não é a tarefa nem no nível do indivíduo na clínica psicanalítica nem no nível do coletivo na luta política. A tarefa consiste em rechaçar o que nos é dito que devemos desejar, e em criar condições nas quais possamos escolher melhor o que será bom para todos. Em lugar de simplesmente exigir mais sexo, devemos analisar como e por que o gozo se conecta ao sofrimento na sexualidade, e como o sexo, que é uma fonte de vida, volta-se contra nós para funcionar como parte da pulsão de morte.

E, para reorientar a pulsão de novo para a vida, precisamos articulá-la com o mais humano dos fenômenos: o desejo.

O desejo, de outros

O desejo é humano por ser criado no conjunto de relações com os demais: relações que convertem cada um de nós em um sujeito humano. Esse elemento social do desejo distingue-o da pulsão, que, por sua própria natureza, pode nos levar a nos aferrar ao que somos, a fazer com que nos consideremos o centro do mundo e os donos da natureza, e que adquire uma forma repetitiva e às vezes autodestrutiva. Diversamente da pulsão, o desejo está intimamente conecta-do aos demais. Tem a peculiaridade dialética de ser um desejo de outros e um desejo de algo que somos movidos a obter dos demais. O reconhecimento que desejamos dos outros nos une a eles. Procuramos neles algo que nos falta, que nos empurra em direção a eles, impulsionando-nos a desejá-los.

O desejo é a fonte do gozo e do sofrimento nas rela-ções sociais. O desejo nos impulsiona também a construir a cultura como um meio compartilhado, um meio sim-bólico que nos permite compartilhar o que somos com os demais, participando assim de algo que é outro para nós. Esse impulso e essa atração operam tanto no nível das relações interpessoais diretas como no das organizações e na construção de ideais compartilhados que unem uma comunidade até mesmo em escala mundial. O desejo é a principal fonte do amor sexual individual nas sociedades que valorizaram esse tipo de desejo. É também a fonte da solidariedade nas redes internacionais construídas nos movi-mentos de liberação. Essa solidariedade deve nos interessar aqui não para colonizá-la com o jargão psicanalítico, mas para chamar a atenção para um aspecto dela: nosso desejo, a solidariedade política, está ideologicamente vinculado ao sexo sob o capitalismo. É esse aspecto histórico da solidariedade que pode ser elucidado pela psicanálise. A pulsão já se transformou em desejo dentro de nossas formas particulares de subjetividade. Como seres falantes, encontramo-nos em um reino simbólico, um meio coletivo de comunicação, um espaço compartilhado no qual nos convertemos em humanos. Aqui nosso desejo pelos demais se transforma reflexivamente nas mais diversas e complexas formas de relação, as quais, embora experimentadas como profundamente arraigadas em nós, também estão condicionadas pelos outros, entre nós.

O domínio simbólico, por ser algo independente de nós, pode converter-se facilmente, e com frequência se converte, em algo similar a uma máquina na qual prevalece a repetição ideológica de imagens alienantes de nós mesmos. A alienação e a ideologização são dois riscos da simbolização da sexualidade. A operação cultural da necessidade sexual como pulsão implacável e como desejo irreprimível está intimamente ligada a uma distorção ideológica, a uma perversão da sexualidade, que por sua vez está ligada a relações sexuais alienadas, que se encontram estruturadas simbolicamente de um modo que possibilita não só a reprodução da cultura, como também a perpetuação de relações de dominação e destruição como as que imperam no sistema capitalista.

Mercados

No capitalismo, por meio da ideologização e da alienação, a vida se torna morte, pulsão de morte, e a comunicação se converte em coisificação e mercantilização dos seres humanos, do trabalho criativo humano e dos objetos humanos do desejo. As coisas e as mercadorias usurpam o lugar das pessoas e exercem poderes e direitos de pessoas, como o de livre circulação, do qual está privada grande parte da população mundial. No capitalismo, especialmente no capitalismo neoliberal, os objetos fetichizados são mais "sujeitos" que os próprios sujeitos. O capitalismo coloca os sujeitos a serviço dos objetos. Antepõe os interesses do *mercado* aos da humanidade. Faz com que as tendências possessivas, acumulativas, competitivas e destrutivas do capital governem e definam as pulsões humanas.

As necessidades alienadas se convertem na força propulsora do mercado que abarca tudo no sistema capitalista. Esse mercado inclui a sexualidade. O gênero se torna local venenoso de formas de mercantilização, como a pornografia sob o patriarcado, com as mulheres convertidas em objetos para comprar e vender, para possuir e explorar, para gozar e trocar por dinheiro. Não sobra muito lugar para o desejo. O que prevalece aqui é a pulsão, que se apresenta ideologicamente como mero instinto animal, em vez de algo humano.

Primeiramente a redução real do desejo à pulsão e depois a redução ideológica da pulsão ao instinto transformam a nossa atividade humana criativa, nossa relação simbolicamente mediada com os outros em coisas que operam de uma maneira objetiva, rígida, automática e esvaziada de sentido. Nossos corpos, e partes de nossos corpos, são transformados em espaços alienados de processos biológicos dessubjetivados, que nos parecem mudos, surdos e cegos, e que fetichizamos ou tememos. E assim se generaliza a dessubjetivação dirigida primeiramente a certos sujeitos "deficientes", como denunciado por ativistas radicais da incapacidade, mostrando como "surdez", "mudez" e "cegueira" operam como significantes carregados ideologicamente para desumanizar certos seres, às vezes reduzindo-os a objetos por carecerem do corpo "normal", o corpo que nos dizem que deveríamos possuir para poder trabalhar e produzir mais-valia para nossos empregadores. Esses processos deixam-nos de fora, excluem o sujeito, mas produzem o imaginário. Então é como se a comunicação de imagens da natureza e do *self* pudesse ser feita de maneira independente das relações sociais historicamente constituídas e simbolicamente estruturadas. É também como se aquilo que experimentamos como um aspecto do senso comum refletisse diretamente o que é real. O mercado se impõe hoje como a única realidade. Tudo tem de ser transformado em mercadoria, vendido, comprado e explorado. Essa mercantilização generalizada é característica do capitalismo, mas a produção de imagens de gênero mercantilizadas é também uma função do patriarcado. O poder patriarcal também é decisivo para as tendências que o capital imprime a nossas relações com as coisas e as pessoas. Os sujeitos modernos, subjetivados pelo capitalismo e pelo patriarcado, relacionam-se com o mundo e com os demais de modo tão violentamente possesivo, acumulativo, competitivo e destrutivo quanto o adotado pelo prototípico macho em relação às mulheres. É o mesmo tipo de relacionamento que estabelecem os empresários machistas e às vezes também, lamentavelmente, os heroicos líderes de movimentos sociais.

Machismo

Não deveria nos surpreender a presença de um elemento hipermasculinizado e misógino no modelo ideal masculino da ultradireita neoliberal pró-capitalista. A atual forma do capitalismo requer o *machismo* como uma espécie de pressuposto subjetivo. Lutar contra esse machismo e contra as demais expressões do patriarcado pode ser uma maneira de solapar subjetivamente o capital. É por isso e por outros aspectos que o feminismo constitui uma ameaça aos arranjos do poder, os quais, agora como antes, evocam misteriosamente aquilo que Freud representou por meio da figura mítica do pai opressor da horda primitiva, projetando na pré-história a família nuclear burguesa patriarcal da moderna sociedade capitalista. Foi um gesto profundamente ideológico, mas também revela agora um pouco da natureza da ideologia burguesa a respeito do macho sexualizado.

O feminismo não só ameaça o fundamento subjetivo do capitalismo e a mercantilização do gênero, como também põe em risco os laços sociais ideológicos político-pessoais que estruturam a família nuclear burguesa, insistindo em que esses laços sejam enganosas figurações imaginárias das necessidades humanas reais e reflexos da opressão sancionada simbolicamente. Daí que o feminismo, assim como várias outras lutas, lésbicas, homossexuais, bissexuais, transgênero, intersexuais e outras, constitua um aliado indispensável da psicanálise a serviço dos movimentos de liberação.

A psicanálise não define como amar nem a quem amar. Tampouco determina como devem ser as relações sexuais nem que tipos de corpo devem ter sexo com outros corpos. A pulsão e o desejo seguem caminhos complexos e singulares para cada sujeito, por isso uma tarefa política urgente é criar múltiplas condições possíveis nas quais aqueles que fazem sexo, ou os que escolhem não fazer, sejam capazes de se definir e de atuar da maneira que decidirem. A psicanálise não está projetada para submeter as pessoas àquilo que lhes disseram que a sexualidade é: trata-se, sim, de uma prática de autoindagação que nos permite relacionar-nos de outro modo com quaisquer "bens" que nos sejam apresentados como atraentes.

A psicanálise pode nos ajudar a mudar nossa relação com o mundo, seja reconsiderando o que nos rodeia, lidando de outra maneira com nossa pulsão ou abrindo novos espaços para nosso desejo. Tudo isso é crucial para os movimentos de liberação, que também devem mudar sua relação com o mundo que querem transformar. Para conseguirem seus objetivos, os ativistas precisam modificar profundamente sua relação com seu entorno mais próximo e também com as demais pessoas, algo que tentam fazer constantemente, desde o princípio, ao estabelecerem relações horizontais entre eles, experimentarem formas radicais de democracia e tecerem redes de ação e de solidariedade.

Os movimentos de liberação criam redes de ação para mudar o mundo, assim como redes de solidariedade que ampliam progressivamente seu campo de ação para incluir aqueles que ainda não estão diretamente envolvidos e desejam fazer parte da mudança do mundo. A solidariedade é o amor por aqueles que são outros, distantes, tanto quanto pelos que nos são próximos. É simbolicamente efetiva, não meramente imaginária. Esse é o espaço para a realização da pulsão como uma força para a elaboração de uma cultura e de relações sociais em que nosso desejo se configure de tal modo que receba dos demais um reconhecimento de que não somos meros animais, de que nossos corpos não são simples máquinas, de que somos humanos.

Neste capítulo concentramo-nos em nossa íntima relação com o âmbito da cultura e no que a psicanálise nos permite saber sobre a natureza daquilo que nos impulsiona como seres humanos. Nesse aspecto, a teoria psicanalítica participa diretamente do trabalho dos movimentos de liberação, aprendendo com eles e oferecendo-nos algumas ferramentas conceituais adicionais para compreender como funciona a cultura, como ela pode operar de maneira criativa, construtiva, e como se perverte e se converte em algo tão opressor e destrutivo como o capitalismo.

No próximo capítulo voltaremos à clínica psicanalítica, para mostrar como é nossa abordagem específica à repetição inconsciente das pulsões e como estas se incrustam nas relações de poder. Esse poder é exercido na clínica porque há uma constelação peculiar de relações de poder na sociedade em que vivemos. Não podemos esquecer que a clínica psicanalítica está dentro deste mundo, ela é deste mundo que tanto queremos mudar. Tampouco devemos esquecer que este mundo também está dentro da clínica. Ele se *transfere* para dentro dela.

5 · Transferência
Poder, resistência e análise

A transferência é o processo pelo qual fenômenos estruturais relacionados com o desejo e o poder se "transferem" de um âmbito a outro. Esse processo tem um sentido técnico estrito em psicanálise, mas pode ser observado nas mais diversas esferas da sociedade. As mesmas estruturas, os mesmos padrões estruturados, são replicados em diferentes relações, instituições e situações dentro de nossas organizações e nossas famílias.

A psicanálise centra-se na forma como as relações pessoais com os demais, incluídas as relações familiares, são trasladadas à clínica e se repetem nos significantes que o analisando utiliza para configurar e compreender sua relação ou sua falta de relação com o analista. Esse significado restrito da transferência, no qual os fenômenos estruturais transferidos dizem respeito às experiências amorosas precoces repetidas em relação a um psicanalista, é também suscetível de uma generalização ideológica.

Os psicanalistas caem na tentação de "aplicar" sua compreensão clínica particular da transferência às relações de poder social e político. Essas relações são assim clinicamente analisadas, mistificadas e psicologizadas, ignorando-se que requerem análise e ações políticas particulares que então podem nos ajudar a compreender melhor a natureza do tratamento psicanalítico. As tentativas equivocadas de "aplicar" a psicanálise a âmbitos fora da clínica são produzidas quando a perspectiva freudiana se torna uma cosmovisão com a pretensão de abarcar e compreender tudo, que envolve uma visão do que é e deve ser a sociedade e exige um posicionamento ético-político preciso, algo que rejeitamos.

A mesma tentação de "aplicar" a psicanálise pode ocorrer quando o tratamento é generalizado, quando vai além de seu próprio campo, depois de ter se convertido em uma especialização disciplinar profissional que compete com e adota o jargão de enfoques rivais "psi" como a psiquiatria, a psicologia e a psicoterapia.

A psicanálise não é, na realidade, nem uma cosmovisão nem uma disciplina especializada e depois generalizada, mas muitos praticantes imaginam que deveria ser, em razão de sua própria reivindicação precária de saber e de competência. Esses praticantes se esquecem de um princípio fundamental do tratamento: que é o analisando que analisa, que é ele e não o psicanalista quem tem algo a dizer a respeito de si.

Dar a palavra aos analisandos e reconhecer-lhes seu lugar naquilo que dizem pode ter efeitos decisivos, às vezes liberadores, em sua vida e nos tipos de relação que estabelecem com os demais. De igual modo, há lógicas opressivas que são reproduzidas quando o psicanalista continua falando no lugar do sujeito. Devemos refletir agora sobre o poder da clínica de dar vida a certos tipos de relação, para elaborar as formas de resistir a esse poder, e sobre o papel da psicanálise como recurso e modelo ideológico para as relações pessoais e sociais, como algo radical e potencialmente revolucionário, de que os psicanalistas que trabalham com movimentos de liberação devem estar cientes.

Poder, dentro e fora da clínica

A clínica tem tanto poder em nosso mundo porque as pessoas buscam refúgio nela e encontram nela a oportunidade de falar como nunca haviam feito. O analista, como testemunha do gozo e do sofrimento das pessoas, escuta-as falar, anima-as a falar e assim torna o inconsciente mais presente para elas. Na clínica as pessoas fazem conexões entre os significantes, podem ouvir e analisar essas conexões que talvez jamais tivessem feito antes ou sido tocadas por elas. Mesmo aqueles que sempre estiveram distantes da clínica suspeitam que ali aconteça algo estranho. Às vezes, sentem-se ameaçados por aquilo que é falado, especialmente se é alguém próximo que está falando, talvez comentando a respeito deles com outra pessoa, o psicanalista. Outras vezes a clínica, espaço privado para expressar pensamentos privados, é vista como uma ameaça pelos poderosos que desejam ter um conhecimento e controle total sobre o que dizem seus sujeitos.

O poder da clínica, um poder potencialmente subversivo, pode ser mal usado, por isso a tarefa da psicanálise radical é proteger esse espaço e articular seu potencial com a liberação, e não com a opressão. A primeira coisa e o mínimo que essa tarefa exige do psicanalista é que se abstenha de persuadir, sugestionar ou manipular o analisando. Isso, por sua vez, requer extrema prudência e uma boa dose de silêncio.

O psicanalista cala a maior parte do tempo, porque não tem a pretensão de saber exatamente o que está em jogo na palavra dos analisandos. O poder do psicanalista na clínica tem a ver com os limites que definem esse espaço peculiar, com o que é transferido a ele a cada momento e com a oportunidade de tornar mais visível para o analisando a fronteira entre a consciência e o inconsciente. Não se trata de adivinhar o que há dentro do inconsciente como se fosse simplesmente uma caixa mental que pudesse ser aberta, e menos ainda de aconselhar o analisando com base em algum suposto saber. O psicanalista sabe algo sobre a natureza da linguagem, mas não sobre a forma singular e específica como seu analisando utiliza os próprios significantes para estruturar sua fantasia e suas relações com os demais.

Objetividade

As palavras na clínica não podem ser esclarecidas, compreendidas e respondidas com um suposto saber da psicanálise, como o seriam pelo saber científico pretensamente objetivo da psicologia ou da psiquiatria. A *objetividade* opera de modo muito diferente em um espaço como o da psicanálise, em que a subjetividade é um ingrediente necessário. As profissões "psi" da corrente principal se aferram a uma imagem falsa da ciência e então tentam implantar essa imagem em seu trabalho com os seres humanos. Essas profissões, assim como seus profissionais, afastados daqueles a quem tratam, cometem um duplo erro, primeiramente em sua ideia equivocada a respeito das ciências naturais e depois em sua tentativa de fazê-la valer em seu trabalho clínico.

Faz parte da natureza reflexiva e dividida de nossa subjetividade como seres humanos que a "objetividade" não exclua a subjetividade, *não* seja o seu oposto, como se se tratasse de um jogo de soma zero. Aqui há outra lição-chave da psicanálise, relevante para todas as teorias da liberação, assim como para nossa prática na clínica. O ideal ilusório de "objetividade" que as profissões "psi" tentam alcançar é na realidade uma expressão da esfera subjetiva da qual não podem escapar. É uma versão da subjetividade, mas uma versão alienada, inconsciente. É uma forma peculiar e distorcida de subjetividade que não reconhece a si mesma como tal. Elas tentam escapar dessa subjetividade, mas em vão.

O que os profissionais psi tradicionais consideram como sua "objetividade", sua postura supostamente neutra e distante em relação aos que sofrem, não é nada disso. Na realidade, está impregnada de subjetividade e estruturada por sua posição e experiência particular, algo que eles se recusam a admitir. A postura que os profissionais adotam ao tratarem as pessoas como objetos, como se fossem mecanismos que é possível "tratar", é a de um mestre que domina todo o saber necessário, que seus pobres pacientes desconhecem. O próprio tratamento psi não é apenas algo impessoal baseado em um saber objetivo, mas já implica dois vínculos pessoais que envolvem pulsões, gozo e desejo: são eles uma relação subjetiva dos profissionais com o saber pretensamente objetivo e uma relação de poder em que se assumem como sujeitos que trabalham com seus pacientes, vistos por eles como objetos.

A subjetividade constitui interiormente a objetividade do suposto saber dos profissionais psi. E, assim, esses praticantes "objetivos" se sentem muito ameaçados quando a psicanálise aponta que sua maestria e seu domínio são frágeis e que eles também são sujeitos divididos. A psicanálise nos mostra que sempre operamos em relação ao saber, nunca

145

no completo domínio dele, e que essa relação com o saber deve ser entendida como uma forma de subjetividade. É nessa relação com o saber que colocamos nossas esperanças e nossos temores, nossa alienação e nossa capacidade para falar e escutar os demais que falam conosco na clínica. Diversamente dos psiquiatras e psicólogos, o psicanalista não detém um saber especial sobre o sujeito que fala na clínica, nem deve pretender tê-lo. O analisando, o ser falante que ele ouve, é um sujeito, não um objeto, nem um objeto de saber. O psicanalista deve privar-se de qualquer pretensão de saber em relação ao analisando, assim como de qualquer desejo de poder sobre ele. O primeiro desejo de poder ao qual ele deve renunciar na prática psicanalítica é justamente o inerente ao pretenso saber, ao saber que o analisando supõe que ele tenha, ao afã de instruir, persuadir e sugerir. O sujeito não deve ser nem convencido nem deliberadamente manipulado e dominado pelo psicanalista, como é diariamente pelos psicólogos, psicoterapeutas, pais, amigos, colegas, chefes, professores, evangelizadores, ideólogos, especialistas de opinião, intelectuais, políticos, jornalistas, publicitários, empresários ou anunciantes.

O desejo de poder é encontrado em todas as fibras da sociedade humana. Converte-se em pulsão mortífera entre aqueles que acumulam capital e entre os que consciente ou inconscientemente se convertem em mercadorias. O desejo de poder opera entre os racistas que desejam dominar os demais e entre aqueles que de modo proposital ou inconsciente se convertem em vítimas. E, nos movimentos de liberação, o desejo de poder opera entre os que buscam escapar da exploração e da opressão assumindo aparatos burocráticos que depois passam a representar os demais e a falar por eles, em lugar de permitir que falem por si. Essas formas de desejo e de poder, simbolicamente estruturadas, são questionadas e desafiadas pelo analisando na clínica psicanalítica.

A psicanálise abre um espaço no qual o poder e o desejo de poder podem ser transferidos e tratados clinicamente. É também por isso que a transferência na clínica se revela crucial. Aquilo que se "transfere" à clínica e se torna experimentalmente visível para os analisandos é o peculiar nó de desejo e poder que os converteu em quem são dentro das estruturas sociais nas quais nasceram.

Famílias

Uma das mais potentes estruturas sociais simbolicamente garantidas é a família. Em sua moderna versão ocidental, atualmente globalizada, a família encontra-se condensada em um mecanismo com funções estereotipadas de gênero claramente distribuídas. Esse mecanismo é a matriz estrutural nuclear patriarcal, uma matriz poderosa como modelo, como estrutura social, não porque realmente exista como tal, embora algumas pessoas vivam em uma família nuclear composta por uma mãe, um pai e talvez um irmão ou irmã, mas porque opera ideologicamente como uma estrutura normativa estereotipada.

O modelo nuclear patriarcal se apresenta como um ideal que as pessoas devem aspirar alcançar e sentir-se em falta se vivem em um lar sem mãe, sem pai, sem irmãos ou com cuidadores e crianças com as quais não tenham laços de sangue. Parece que todas as famílias felizes são iguais, justamente porque essa imagem da família é uma poderosa força mítica. É triste ver que alguns psicanalistas tratam essa imagem de fato como um ideal em suas teorias do "normal" ou do "anormal" no desenvolvimento por meio do que eles chamam de complexo de "Édipo".

Édipo, que no teatro grego era um personagem dado por morto e que depois, por circunstâncias estranhas, acaba, sem saber, assassinando o próprio pai e se casando com sua mãe, estabelece a matriz para um conjunto particular de relações familiares, especialmente entre psicanalistas conservadores. Tudo é resumido ao drama de um menino que ama sua mãe e rivaliza com o pai. Ao ser usado como um modelo normativo na clínica, esse drama produz uma "edipização" ideológica da psicanálise. O que acontece com as meninas é visto como um mistério, e os psicanalistas conservadores tratam a feminidade, no melhor dos casos, como algo misterioso, como um "continente negro", e no pior dos casos como um simples objeto, parte da cena do drama edípico da masculinidade.

Podemos já deixar para trás o Édipo. Grande parte dos psicanalistas foram além, reconhecendo suas limitações, e nós, ativistas pela liberação, temos de incentivá-los, ajudá-los a romper de vez com a ideologia familiar. É preciso insistir em que a matriz edípica estabelece poderosos ideais com os quais as pessoas se identificam, e por isso o trabalho clínico deve abordar a forma como esses ideais estão estruturando a fantasia inconsciente que as pessoas têm sobre o gozo e o sofrimento na sexualidade. O Édipo com frequência volta a ganhar vida por meio da transferência, mas o trabalho psicanalítico nos permite ir além. Nossa psicanálise aponta para outro mundo, algo diferente no lugar do mesmo.

O problema é que o mesmo retorna seguidas vezes. A matriz nuclear patriarcal edípica converte-se no modelo no qual se investe emocionalmente em outras estruturas político-econômicas. Então essas estruturas são abordadas na psicanálise e parecem confirmar o complexo de Édipo, o que é lógico, pois estão inextricavelmente ligadas à sua matriz ideológica. Embora possam ser "elaboradas", nunca são deixadas totalmente para trás na clínica psicanalítica. Desmontá-las e superá-las é uma tarefa dos movimentos de liberação. A psicanálise permite apenas que o sujeito se relacione de outro modo com as estruturas, mas as mantém e pode até contribuir para a sua manutenção no exterior da clínica.

Esse é um problema colocado pela transferência, já que as formas peculiares de poder condensadas na relação clínica entre analisando e analista podem facilmente ser "transferidas" de novo para fora quando o analisando abandona sua análise. Esse tipo de "transferência" ocorre cada vez que um analisando deixa uma sessão, e então pode continuar experimentando relacionamentos no mundo, fora da clínica, de maneira similar às que foram construídas em relação ao seu analista.

A transferência do interior para o exterior da psicanálise também pode ocorrer quando se completa a análise, mesmo que tenha sido bem-sucedida em permitir que o analisando viva sem tanta angústia. Os sujeitos podem chegar a idealizar a transferência, procurando-a por toda parte, querendo evangelizar com a psicanálise, como se fosse um meio efetivo para todos e para tudo. Aqui há uma armadilha nessa "aplicação" da psicanálise, mas uma armadilha que é ainda mais profunda, pois se baseia em uma experiência emocional intensa, em uma relação vivida, e não só em uma teoria ou em uma mera transformação da teoria psicanalítica em cosmovisão.

A clínica em psicanálise pode ser tão poderosa porque é mais que uma colocação em prática da teoria. É como uma caixa de ressonância experimental na qual o psicanalista constrói as condições do tratamento de tal maneira que permitam reproduzir e condensar as condições estruturais nas quais transcorreu a existência do analisando. A ideia é que o analisando não só esteja lidando com o que ocorre no tratamento e falando diretamente com o psicanalista, mas que se relacione também indiretamente com tudo o que isso representa para ele; é dada certa forma às suas lembranças, sua infância, sua matriz familiar e às estruturas político-econômicas formadas nessa matriz.

Todo esse material simbólico é encontrado então na transferência, replicando o passado na clínica e constituindo as condições do tratamento e da fala do analisando, condições estreitamente conectadas a uma íntima relação corporal.

Ao abrir um espaço para que o sujeito fale como nunca o fez, a clínica psicanalítica não exclui nem o corpo nem a sexualidade, nem sua relação com as estruturas e com o poder. Ao contrário, essas questões são fundamentais para a psicanálise, posto que é através do corpo sexuado que o sujeito sofre e goza.

Tanto o sofrimento quanto o gozo têm uma dimensão sexual, quer ela seja deliberadamente encenada ou não no mundo real. Essa dimensão aparece na fantasia, e é essa fantasia que é cristalizada e da qual se fala na análise. A clínica psicanalítica oferece um lugar onde o corporal e o sexual podem se traduzir na linguagem e o sujeito possa elaborar na transferência de que maneira essas questões foram construídas.

Esses assuntos sensíveis relacionados com o corpo e com a sexualidade, que são constantemente encenados e padecidos e silenciados ou mistificados na vida cotidiana, podem ser por fim detidamente abordados por meio da atenção à palavra na psicanálise. Aqui na clínica, o desejo é falado em lugar de ser simplesmente encenado. Em lugar de apenas continuar sendo vivido e sentido, ele é contido, pensado e questionado. Desse modo, o analisando escuta e diz a verdade sobre a relação que ele forjou entre o desejo e o poder, assim como a verdade de sua relação corporal com os demais, com outras pessoas e com as estruturas sociais.

Fantasia

O encontro com o desejo e o poder na transferência permite ao analisando replicar as estruturas simbólicas político-pessoais dentro da clínica, refletir sobre elas e descobrir a maneira não suspeitada, inconsciente, como ele as interpreta no nível da *fantasia*. De novo, e contra as caricaturas da psicanálise que tratam a fantasia como uma força que brota na cabeça do indivíduo e que depois tem de ser contida pela civilização, insistimos em que a fantasia é *construída*. Trata-se de algo elaborado pelo sujeito, algo internamente organizado, uma trama composta de significantes que criam sentido e oferecem uma interpretação da realidade, uma interpretação baseada no desejo.

A fantasia é uma encenação do desejo que sempre inclui um *sujeito*, definindo quem é em sua divisão entre gozo e sofrimento, e identificando os *objetos* que espera, no nível inconsciente, que lhe tragam satisfação. A fantasia na clínica é uma etapa transferencial que inclui o analista como substituto dos outros e dos objetos que emocionam e também causam ansiedade no sujeito. Essa é a razão pela qual o analisando concede ao analista um poder na transferência, um poder que é parte da fantasia, uma réplica do poder que vem mantendo o sujeito escravizado.

O poder na clínica psicanalítica é um efeito do que ocorre na fantasia, da encenação do desejo, mas também da suposição de um saber atribuído ao analista. O analisando supõe que o analista saiba alguma coisa a respeito dele, mas descobre que não é assim no decorrer da análise. Isso é algo que ocorre também fora da clínica, em outras situações da vida nas quais certas pessoas, desde familiares e amigos até intelectuais carismáticos ou líderes políticos, parecem ter um grande saber sobre nós e, portanto, também um grande poder sobre nossas vidas, pelo menos até que nos decepcionemos e nos liberemos delas, quando então nossa fantasia se dissipa. A diferença na clínica é que a transferência, uma "transferência" de poder, permite ao analisando refletir e falar sobre o que está acontecendo no momento mesmo em que se dá a relação entre os significantes que ele utiliza para estruturar e falar sobre quem ele é.

A clínica psicanalítica é um espaço para pensar e falar sobre a fantasia em lugar de apenas vivê-la. Desse modo, o vínculo interno do sujeito com as estruturas simbólicas, o enraizamento subjetivo das estruturas, é revelado ao analisando. Isso o leva a um confronto com o poder e lhe permite falar de sua verdade frente a frente com o poder, a verdade do sujeito, a da sua existência, a do desejo, enquanto o analista, por sua vez, assume a responsabilidade ética de manejar esse desejo, dirigir o tratamento, mas sem dirigir o analisando. Aqui opera um poder particular. Esse poder, estruturado por meio da transferência, que ganha vida na clínica, deve ser manejado com extremo cuidado. O analisando só pode liberar-se dele por meio de uma interpretação precisa.

Essa interpretação deve ser do analisando. Reiteramos: a análise não deve proceder com interpretações inteligentes dadas pelo analista. É o analisando quem analisa e interpreta a transferência. O analista só dirige o tratamento, mas o dirige de forma que o analisando possa assumir o poder de dirigir a si mesmo, de dizer a verdade ao poder na psicanálise como cura pela palavra.

O analista não pode responder diretamente ao que o analisando espera dele. Deve estar ausente e aparecer como um vazio no qual o analisando elabore o que há para elaborar. Embora o analista se configure como objeto de desejo, é apenas como interlocutor, como aquele a quem falamos a respeito do desejo. O analista deve ficar ao largo do desejo. Deve esquivá-lo para que o analisando possa notar melhor como está sendo encenado e quais são as consequências de sua encenação. O analista apenas utiliza o desejo na transferência, mas ele depois dissipa sua presença, para ser descartado, anulado, esquecido. Sabe que incorrerá em um abuso de poder se permitir que a fantasia seja representada na realidade em vez de elaborada na palavra. Atuar com presteza demais, defender um atalho para a ação, seria deixar o analisando no mesmo lugar, sujeito às mesmas formas de poder que o levaram à análise.

O psicanalista evita o contato corporal precisamente porque esse tipo de gratificação, talvez gratificante de um modo imediato para o analisando, destrói a relação analítica. O sexo em lugar da análise tem um duplo efeito mortal: a transferência se converte em um cego exercício de poder e, por isso mesmo, também deixa de operar como método psicanalítico. O analisando, em vez de se liberar da transferência através da fala, fica capturado em uma versão pervertida da transferência. Aquele a quem o analisando outorgou poder, assumindo inconscientemente que sabia algo a respeito dele, converte-se realmente em amo e mestre. O analista que dá esse passo fatídico para além da fala em direção à gratificação corporal é o que goza de seu domínio, expresso por meio do sexo. Esse é um atalho que une o gozo e o sofrimento em lugar de tentar desatar o vínculo entre os dois.

A repetição de formas de poder e de desejo constitui uma dimensão inquietante na transferência. É estranha, misteriosa e até desperta maus presságios, justamente porque combina dois aspectos contraditórios da subjetividade: o desejo, excitado ou sufocado pelo poder, e o poder, sustentado ou subvertido pelo desejo. Recordemos que o desejo se configura por meio da forma como está proibido. Essa é uma das razões pelas quais a encenação do desejo na fantasia inclui elementos de ansiedade e culpa, assim como satisfação pela transgressão.

É nesse sentido também que o poder excita e reprime o desejo, e o desejo sustenta o poder e pretende ir além dele. O poder e o desejo, além disso, envolvem interações entre o político e o pessoal, assim como põem em relevo a separação, as defasagens, as lacunas, as conexões e os conflitos entre o inconsciente e a consciência. É também por tudo isso que a transferência na clínica é tão inquietante.

A transferência exterioriza elementos das relações político-pessoais na existência do analisando, geralmente de seu passado e da sua família, que tenham se repetido e que podem ser comunicadas conscientemente ao psicanalista. A transferência também permite reviver elementos inconscientes que tenham ficado fora da consciência em razão da repressão de um desejo sexual fortemente investido de significado sob o patriarcado. Esse desejo reprimido e patriarcalizado envolve poder, faz-se presente sem cessar ao ser repetido de modo inconsciente na existência do sujeito e tinge muito do que ele transfere conscientemente à clínica.

À medida que a transferência toma forma na fala, nos significantes que a fazem operar na clínica, também temos a oportunidade de rastrear o que está acontecendo com o desejo. Em algum momento ele se torna consciente sem deixar de operar em um nível inconsciente. A fantasia não se dissolve na psicanálise, mas podemos chegar a conhecer melhor o que estamos fazendo com ela enquanto analisandos.

Verdade

Não é possível dizer tudo. A *verdade* que emerge na clínica psicanalítica, o tipo de verdade subjetiva que se revela na transferência, ainda está dividida entre o que é momentaneamente consciente e o que continua operando inconscientemente. A verdade é dita "pela metade", mas isso é suficiente para abrir novos caminhos em direção ao desejo.

Na clínica, a novidade pode ser tanto possibilitada quanto obstaculizada pelos fenômenos transferenciais. A transferência é ao mesmo tempo uma armadilha e uma oportunidade para fugir da armadilha que ela representa para o sujeito. Repete a forma das relações passadas precisamente para que as relações futuras possam ser diferentes.

A análise une a crítica e a mudança em um processo dialético transformador no qual a compreensão do que está acontecendo é simultaneamente a ação na qual, em razão dessa compreensão, estamos fazendo algo diferente. Isso é válido também para a análise política, não só para a psicanálise. Em ambos os casos, a existência do analisando pode ser transformada pelo simples fato de falar e pensar no sintoma, de interpretá-lo, de saber algo a respeito da verdade reprimida que retorna e nos faz ser quem somos.

A repressão da sexualidade e a maneira como ela é conformada em cada sujeito individual pelas relações sociais patriarcais são aspectos cruciais para a clínica, porque contribuem para a constituição disciplinar de um tipo específico de sujeito caracterizado por certa classe de sintomas, problemas, sofrimentos e formas de amnésia, de coisas esquecidas e lembradas pela metade e então repetidas. A normalização repressiva e patriarcal do desejo dá lugar a certa subjetivação ao possibilitar a domesticação, a dominação e a exploração das pessoas e de seus desejos e necessidades no capitalismo, assim como sua aceitação de ordens tão arbitrárias como as do racismo e da colonialidade. Tudo isso pode ser tão consciente em suas manifestações quanto inconsciente em suas causas e lógicas.

Podemos chegar a ter consciência do aspecto inconsciente da subjetivação por meio da transferência de formas-chave de nossa existência pessoal na clínica psicanalítica, mas também diretamente pela nossa própria existência social, por exemplo, ao participar dos movimentos de liberação e de outras práticas sociais que funcionem "clinicamente" na sociedade moderna. Muitas práticas transformadoras, com efeito, funcionam como na clínica, não só as psicanalíticas, e nem sempre dentro da clínica.

Resistência, na e da clínica

A clínica é um lugar para a reprodução das relações de poder, mas a psicanálise conceitualiza essas relações como transferência, e, portanto, sabemos que nossas melhores tentativas, como profissionais psi, de "interpretar" esse poder sob a forma de transferência ou de querer que desapareça rapidamente terminarão em fracasso e dor. Em vez disso, como psicanalistas, dirigimos o tratamento e só usamos nosso poder para isso, justamente para que o analisando possa dizer a verdade dele ao poder. O analisando deve ser aquele que fala dentro da transferência, para que consiga melhor dissolver esse poder, mais ou menos como fazem os movimentos de liberação, que não podem ter o poder entregue a eles, e sim apoderar-se dele por si mesmos. Tanto os movimentos de liberação quanto o analisando só podem conseguir seu intento quando sabem, eles mesmos, por si mesmos, o que estão fazendo. O processo de compreender o mundo simultaneamente transforma-o se essa compreensão e essa autocompreensão são verdadeiras.

O poder da transferência na clínica psicanalítica dá forma subjetiva ao poder e é assim que consegue desfazê-lo. É nesse sentido que podemos dizer que onde há poder há resistência. Precisamos compreender a natureza da resistência tanto dentro quanto fora da clínica.

Clínica

O que é a *clínica*? A "clínica" não opera só dentro da arquitetura material do consultório, ela tem uma dimensão simbólica de existência fora dela em razão da difusão do discurso psicanalítico na sociedade contemporânea. Isso confere um prestígio peculiar à psicanálise entre as pessoas que podem pagar o tratamento, e também levanta suspeita, com boas razões, entre os que não dispõem de meios para pagá-lo. O saber e o poder atribuídos à psicanálise podem ser discutidos ou rejeitados, se bem que também monopolizados e usados, padecidos e invejados, adulterados e vulgarizados, assim como distribuídos e democratizados ou subvertidos e transformados em algo completamente diferente. O conhecimento e o poder da psicanálise fazem parte da riqueza ideológica e cultural que está em jogo nas lutas de classes e em outras tentativas de nos liberar.

Devemos ter clareza de que o poder peculiar da transferência na clínica, a recriação de um sentido de dependência no analisando por meio da verbalização dos significantes particulares que utiliza ao refletir na presença do analista com quem ele fala, é utilizado pelo psicanalista que dirige o tratamento, mas esse efeito de transferência não é exclusivo da clínica psicanalítica.

O discurso psicanalítico teve tanto impacto global que muitas outras formas de cura, sejam físicas ou psíquicas, médicas ou espirituais, veem-se afetadas pelos tipos de saber que os analisandos atribuem aos psicanalistas. Esse suposto saber, que na psicanálise existe apenas para se dissolver, é o principal fundamento da autoridade e do prestígio de muitos médicos e profissionais psi.

Afinal, a transferência não foi inventada por Freud. Ele apenas a conceitualizou e soube como utilizá-la. Depois, os psicanalistas progressistas aprenderam a usá-la de tal maneira que termine dissipando-se. A psicanálise sempre se apoia em um tipo de transferência que já existe, efeito da replicação de relações de poder condensadas em um pequeno espaço e em relação a outra figura diferente da original, mas ela canaliza a transferência de um modo particular. Esse fenômeno, no qual a psicanálise se baseia, é uma prática já historicamente constituída nas tradições religiosas, na cura xamânica e, é claro, no poder médico de proporcionar curas quase mágicas para enfermidades físicas.

Diferentemente de outras práticas, a psicanálise deve assumir uma responsabilidade particular de manejar bem a transferência e assegurar que os caminhos que nos permitem sair dela sejam elaborados tão claramente quanto aqueles que nos conduzem a ela. É possível que esses caminhos não sejam claramente elaborados para o analisando, que nem sequer é consciente deles, mas sua clara elaboração é indispensável para o analista como parte do saber que adquiriu durante sua formação a respeito de estrutura social e de linguagem. Nossa articulação da psicanálise com a teoria e a prática dos movimentos de liberação também nos exige ampliar as próprias especificações de Freud para a formação dos psicanalistas, incluindo uma análise do poder e do lugar da clínica entre os aparatos de poder existentes.

O próprio Freud tinha clareza de que, junto com os conhecimentos médicos e "psicológicos" básicos, os requisitos mais importantes na formação psicanalítica eram o conhecimento da história e da literatura, para permitir ao analista basear seu trabalho em sua própria cultura e na do analisando. Exige-se hoje também dos psicanalistas que fundamentem seu trabalho nos princípios da liberação política. Só isso lhes permitirá identificar a diferença entre seu poder de dirigir o tratamento dentro da transferência e sua posição dentro dos regimes de poder social que outorgam à sua clínica um status privilegiado em algumas culturas.

Os psicanalistas devem reconhecer que há outras formas de prática, políticas e até mesmo espirituais, nas quais a subjetividade é refletida e se transforma. Longe de evangelizar com a psicanálise como se fosse uma cosmovisão e como se fosse o único caminho para a salvação pessoal, a psicanálise tem de reconhecer que não é mais que uma das muitas práticas que se valem do poder transferencial. O que distingue a psicanálise da maioria das outras formas de cuidado é que nós, psicanalistas, analisamos o poder ao mesmo tempo que o utilizamos para analisar a subjetividade, ou melhor, utilizamos o poder para dirigir o tratamento de tal modo que permita ao analisando interpretar o poder e analisá-lo.

Ausência de estrutura

Se não analisamos as estruturas de poder, ficamos condenados a repeti-las. Isso está ligado ao argumento feminista de que a supressão ilusória do tema do poder, fingindo que não há desigualdades estruturais nas organizações revolucionárias e nos movimentos sociais, simplesmente abre caminho para que aqueles com poder o retenham, mas de maneira oculta. A ilusão da ausência de estrutura, a chamada "tirania da ausência de estrutura", por exemplo, indica que as tentativas de um grupo de fingir que está isento de poder, digamos, um poder estruturado em linhas de gênero, apenas abre oportunidade para que os homens mantenham o controle e as mulheres sejam silenciadas ao tentarem sinalizar que algo está errado.

O manejo da transferência e a insistência em que, como regra, o analista não deve "interpretá-la", e sim fazer que sejam os analisandos que a percebam, interpretem e se rebelem contra ela, também está ligado a um princípio básico de organização do feminismo. Esse princípio é resumido pelo termo "ponto de vista": o ponto de vista do analista, como alguém com poder, é um ponto de vista que tende a não se prender ao privilégio, ao status e à estrutura, enquanto o ponto de vista do analisando, sujeito ao poder na transferência, permite e até incita que tome consciência das diferentes expressões do poder.

É essa sensibilidade ao ponto de vista – capacitando o sujeito a falar desde sua perspectiva e não desde uma posição que lhe seja atribuída a partir de um conhecimento ideológico pretensamente neutro ou de uma posição a ele atribuída pelos outros – que faz o analista ter o objetivo de "histerizar" o analisando. Não há aqui nenhuma caricatura sexista da mulher.

Sim, as mulheres se queixam de sua posição, e têm boas razões, e depois são patologizadas por isso. O que ocorre é que elas veem algo a respeito do mundo a partir de sua posição de impotência. O protesto histérico, seja de mulheres, seja de homens, há muito tempo tem sido patologizado. A psicanálise deve fazer-lhe justiça. Essa histerização é uma incitação progressiva a se rebelar, a se queixar e a compreender melhor como a queixa na transferência é uma forma de tomada de consciência. O analisando, por meio de sua queixa, torna-se consciente de estruturas de poder que governam sua vida e que operam de modo inconsciente e repetitivo fora da clínica. Essa conscientização é o que histeriza o sujeito.

A histerização na psicanálise torna possível uma tomada de consciência, como a que buscam os movimentos de liberação. Esses movimentos também "histerizam" de algum modo as pessoas, ao permitirem que se expressem e sejam ouvidas, o que por sua vez as ajuda a se sensibilizarem perante o poder que as oprime, aprofundando o que tradicionalmente tem sido chamado de "consciência de classe" e desenvolvendo seu espírito de protesto e rebeldia. A histeria não é aqui um transtorno, mas uma experiência da verdade e a única resposta lógica e sensata diante do poder. Isso faz com que a psicanálise, que emerge da palavra histérica e ainda a cultiva em sua prática, possa despertar interesse adicional e ser usada em nossas lutas ao lado e no interior dos movimentos de liberação.

Lutamos pelo controle não só dos meios biológicos e tecnológico-econômicos de produção e reprodução da vida, mas também dos meios simbólicos de expressão e relacionamento, de existência e experiência, de consciência e desejo, de saber e poder. Esses meios podem ser privatizados ou socializados, ideologizados ou desideologizados, ser empregados para a dominação e a manipulação ou para a resistência e a liberação. É o caso da clínica na psicanálise, que por isso tem oscilado constantemente entre seu ímpeto de ruptura, subversivo, e seus desvios para a adaptação, a normalização e a psicologização.

A clínica psicanalítica é contraditória, mas ela mesma, como prática dialética em sintonia com as próprias contradições, está bem equipada para manejar isso. No entanto, as contradições da psicanálise são as da sociedade. A clínica da psicanálise não está fora de nossa sociedade historicamente determinada. Faz parte dessa sociedade e de suas lutas. Existe então um quadro discursivo-prático estruturado para a "clínica" como uma forma de relação social que pode constituir-se e reproduzir-se trabalhando junto com outros movimentos de liberação. A transferência pode servir tanto para intensificar a privatização da angústia como para conectar o tratamento à resistência política.

A transferência, seja ela usada de modo conservador ou revolucionário, pressupõe a repetição de estruturas simbólicas inseparáveis do capital, do patriarcado, da colonialidade e de outros poderes opressivos. Essas estruturas são as que se repetem na clínica. São, portanto, as que reproduzem as ideias, os sentimentos, os papéis pessoais atribuídos e as relações interpessoais transferidos na clínica.

Análise, do poder e da resistência

A transferência nos permite reconhecer a estrutura para então questioná-la ou ratificá-la, distendê-la ou reforçá-la, expandir ou contrair margens de resistência, lutar ou então claudicar e resignar-se ao que se repete. É possível atuar de um ou outro modo em relação à estrutura. O que não é possível é desfazer-se dela, liberar-se definitivamente do que nos oprime, não repetir nunca mais e avançar por um caminho totalmente novo e desimpedido. O passado jamais fica totalmente para trás. Estamos sempre capturados nele e temos de atravessá-lo incessantemente para continuar avançando. É por isso que o tratamento psicanalítico, embora uma hora termine, é também um processo infindável que prossegue depois que se encerra o tratamento. É por isso mesmo que um processo revolucionário fracassa quando acredita ter terminado com um simples triunfo político.

A revolução pode e deve ser cultural e permanente, porque a repetição estrutural não cessa e é indissociável da cultura humana. Essa é uma das razões pelas quais Freud considerou o mal-estar na cultura, a insatisfação com a civilização, algo insuperável. Pelo menos temos a certeza de que não foi superado, embora alguns, entre os quais muitos psicólogos, acreditem que o foi e queiram nos fazer compartilhar de seu admirável mundo novo, vendendo-nos a ilusão de que podemos ser felizes adaptando-nos a este mundo miserável, como se fosse o caso de continuar descartando objetos no ambiente, deixando-o tal como está, permitindo que continue sendo destruído até desaparecer no inferno do cataclismo climático.

É tentador imaginar que vivemos em uma civilização sem mal-estar, em um presente que não está mais bloqueado e preso ao passado, em uma vida que já deixou de efetuar a constante repetição da estrutura simbólica que o fenômeno da transferência na psicanálise nomeia e com o qual trabalha. Essa ilusão é ainda mais tentadora para aqueles que se beneficiam dela e garantem com isso sua permanência no presente, por meio também de imagens ideológicas de seu passado e futuro, como se as coisas pudessem ser sempre iguais, como se não houvesse escapatória. Estamos nos referindo àqueles que têm poder e o exercem, e nos impõem um suplemento de repressão, um poder que agrega uma insatisfação perfeitamente evitável ao nosso inevitável mal-estar na cultura, um poder que se vê ameaçado por aqueles que o solapam quando denunciam esse mal-estar e reivindicam o desejo.

Aqueles submetidos ao poder são os sujeitos que mais se dão conta de suas operações. Aqui o "ponto de vista" da política feminista dá voz ao que é falado na psicanálise, o que nos permite enfrentar melhor a "tirania da ausência de estrutura", a ilusão de que existe uma "comunicação" pura e não mediada, o que constitui uma imaginária evasão ideológica da contradição política. O certo é que sempre há estrutura, na vida cotidiana, na clínica e na política.

Encontramo-nos dentro da estrutura simbólica e condenados a lidar com ela. A transferência é apenas uma forma de lidar com ela no exíguo espaço particular da clínica psicanalítica. Nesse espaço tão limitado, a transferência permite condensar, aproveitar e "elaborar" a repetição estrutural de significantes e de padrões de comportamento na existência do sujeito.

O sujeito pode chegar a se liberar em certa medida com a psicanálise, mas não só com ela, *nunca* só com ela, pois é sempre insuficiente por si mesma em seu poder liberador. É certo que trabalhar com a transferência na clínica, conceitualizada como um entrelaçamento peculiar do poder e o do desejo, abre espaço para uma limitada liberdade de fala e de movimento. Mas o potencial para essa liberdade que a clínica oferece só pode se realizar fora da clínica, na atividade político-pessoal, quando o privado se torna público, coletivo e verdadeiramente transformador, sujeito à *ação*.

6 · Transformação subjetiva
Tempo para compreender e momentos para a ação

Vivemos em um mundo que é como um grande mercado globalizado, no qual a teoria e a prática da psicanálise foram privatizadas, mercantilizadas, convertidas em um tratamento privado custoso, em um artigo de luxo acessível a poucos, àqueles que têm como pagá-lo. Isso não deveria surpreender em uma sociedade capitalista onde cada teoria e prática de liberação acaba, cedo ou tarde, virando uma mercadoria acadêmica distorcida e dirigida contra os movimentos sociais. Assim como necessitamos resgatar as diversas correntes do pensamento crítico de seu confinamento a universidades e livrarias, também é preciso lembrar o que foi a psicanálise em sua origem, resgatar sua verdade e não deixar que aqueles com poder nos roubem seu potencial liberador como psicologia crítica.

Vivemos em um mundo no qual a psicanálise é necessária, mas impossível. Costuma ser exercida apenas ao se empobrecer e se desfigurar, a ponto de ficar invertida. No final, acaba sendo muito menos e até o oposto do que poderia ter sido. Em lugar de ser uma teoria-prática revolucionária, fica reduzida a uma técnica adaptativa. Além disso, vê-se confinada ao indivíduo e degenera-se em uma prática privada marcada por seu conservadorismo, em um ponto de propagação de ideias reacionárias sobre sexo, gênero e muito mais.

Nas atuais versões privatizadas e conservadoras de psicanálise, os quatro fenômenos-chave que descrevemos neste manifesto foram distorcidos, convertendo-se em obstáculos em vez de oportunidades. O inconsciente, base tácita de nosso ser coletivo, aliena-se de tal modo que se torna uma ameaça e justifica o privilégio dado à razão consciente instrumental do indivíduo. Nossa capacidade de repetir ações em diferentes contextos com diferentes resultados deixa de ser uma fonte de liberdade para as nossas reflexões e passa a operar como a prisão neurótica da compulsão de repetição. O que nos impulsiona a uma vida criativa volta-se contra nós como força maquinal, submetendo-nos à pulsão de morte. E a transferência termina isolada na clínica, e, em vez de nos mostrar como funciona o poder social, torna-se um modelo de relações dependentes no mundo exterior. Tudo isso não tem absolutamente nada a ver com a psicanálise. Não revela sua realidade, apenas sua impossibilidade.

As condições de impossibilidade da psicanálise não são apenas intrínsecas, não radicam apenas nela, em suas desfigurações e inversões. Mesmo desfigurada e invertida, a psicanálise revela-se impossível para aqueles que carecem de recursos econômicos para pagá-la, que têm de trabalhar o tempo todo e não dispõem nem sequer de alguns minutos para pensar no desejo, padecendo de um grau de alienação que os leva a se desinteressar pela própria existência e pelo seu mal-estar na cultura.

Mais que isso, o tratamento psicanalítico também é de algum modo impossível para aqueles que poderiam facilmente comprá-lo, consumi-lo e ao final descartá-lo como uma mercadoria a mais, como qualquer outro luxo, um passatempo entre outros, como tênis, golfe, iatismo, ioga, feng-shui, coleções de arte ou obras de caridade. E a psicanálise, por último, torna-se também impossível para muitas pessoas, particularmente aquelas dos movimentos de liberação, cuja sensibilidade as impede de aceitar não só a mercantilização da prática de alguém treinado e pago para a escuta de sua palavra como também o fetiche do pagamento, elaborado como autojustificativa para o exercício da competência profissional, do status simbólico e do poder.

Nossa tarefa no presente manifesto para a psicanálise, a mais radical forma de "psicologia crítica", é justamente torná-la possível para os movimentos de liberação. De modo mais preciso, nossa tarefa é situar a prática psicanalítica na história, para podermos conectá-la ao necessário trabalho progressista dos movimentos de liberação e combater os falsos futuros prometidos pelas profissões psi adaptativas. Precisamos tratar a psicanálise na clínica como um espaço de transição e reorientá-la para a liberação humana. Em lugar de um dispositivo para reinserir os indivíduos nesta malfadada sociedade, a psicanálise deve ser uma transição conceitual e prática ao comunismo. Parte dessa tarefa é resgatar das lutas passadas realizadas em torno da subjetividade as teorias e práticas historicamente progressistas daqueles psicanalistas que de fato se preocuparam com o sofrimento, justamente por terem a aspiração de mudar o mundo.

História e tempo revolucionário

A psicanálise está na orla das profissões psi, e é com frequência confundida com a psiquiatria, a psicoterapia e a psicologia por pessoas angustiadas em busca de respostas e de uma saída. Na realidade, como tentamos mostrar nos capítulos anteriores, a psicanálise é algo muito diferente. É potencialmente uma teoria e prática de liberação. É crucial, então, diferenciar a psicanálise radical, aliada dos movimentos de liberação, da psicanálise psiquiátrica, psicológica ou psicoterapêutica.

A melhor forma de diferenciar nossa psicanálise desses falsos cognatos é por meio da análise histórica. Essa análise é, além disso, consistente com a radicalidade psicanalítica. A autêntica psicanálise radical é em si, como veremos, uma forma de análise histórica que retorna ao passado justamente para poder orientar-nos individual e coletivamente para o futuro.

Devemos incluir em nosso trabalho psicanalítico um enfoque apoiado na memória histórica reprimida de nossa prática, na história radical da esquerda freudiana, nas alianças da psicanálise com o movimento socialista. Não podemos esquecer as experiências pedagógicas revolucionárias de inspiração marxista e freudiana na Áustria e na União Soviética, a contribuição da psicanálise aos movimentos culturais-políticos do Ocidente da segunda metade do século XX, seu apoio à revolução anticolonial na Indochina na segunda metade do século XX e o compromisso e a perseguição a psicanalistas na Argentina e em outros países. Devemos lembrar as clínicas psicanalíticas gratuitas na Europa continental e pensar na atual psicanálise oferecida também gratuitamente nas ruas e praças do Brasil. Devemos permitir que a transferência volte a funcionar como algo autenticamente psicanalítico, não apenas como uma manifestação de dependência, induzida pelo pagamento, a alguém que aparenta saber o que pensamos que haja dentro do inconsciente.

Como seria de esperar, o caminho da psicanálise radical coincidiu mais de uma vez com o da antipsiquiatria. Muitos radicais compreenderam que a psiquiatria era uma prática do domínio médico que reduzia as pessoas à condição de pacientes, escravos dos doutores da mente nos velhos hospícios, vítimas de confinamentos e tratamentos físicos atrozes. A psiquiatria foi atacada, com razão, porque era uma prática brutal. Embora em suas versões modernas busque curas químicas para adaptar as pessoas ao capitalismo, na realidade continuou com o discurso dos senhores feudais pré-capitalistas. Esses senhores autocráticos adaptaram-se à modernidade capitalista, ao mesmo tempo que perpetravam os piores abusos sexistas patriarcais contra as mulheres e as piores formas de perseguição racista colonial dos indígenas.

A psiquiatria foi uma ferramenta poderosa em seu arsenal. Os psiquiatras não tiveram escrúpulos em se colocar a serviço dos dominadores, patologizando pessoas em razão de sua classe, raça, cultura, gênero ou opção política, inferiorizando-as, torturando-as e experimentando com elas. Quando Freud, um psiquiatra, inventou a psicanálise, precisou romper com a psiquiatria. Foi uma ruptura histórica significativa, que deve continuar a ser repetida sem cessar para se tornar efetiva na luta anticapitalista, feminista e anticolonial.

A psiquiatria se desenvolve graças à impossibilidade da psicanálise. Essa impossibilidade é ocultada e se replica em uma reformulação médico-psiquiátrica do tratamento, na qual as diversas expressões de nossa angústia são separadas em elementos discretos especificados como diferentes quadros psicopatológicos. O diagnóstico médico e psiquiátrico nos divide ao encerrar cada um de nós em sua enfermidade e ao nos fazer esquecer a origem comum do que ocorre conosco nesta sociedade. O que nos adoece é o sistema político-econômico, o capitalismo, o patriarcado e o colonialismo. Sofremos agora é deste triste mundo em que vivemos, que nos deprime, angustia, faz-nos sentir vazios ou perseguidos, quando ouvimos vozes que os outros não ouvem, ao não sermos capazes de trabalhar, de nos concentrar em nada nem de nos relacionar de uma maneira progressivamente construtiva com os demais.

Enfermidade

Precisamos tratar nossa *enfermidade* como um sintoma da vida que levamos e não como uma indicação de nossa patologia pessoal. Nosso sofrimento psíquico, por mais grave que seja, é muito diferente dos problemas físicos reais de que tratam os médicos. O problema não somos nós. Nossa "enfermidade" – tomando emprestado o termo como uma metáfora de nosso sofrimento – é apenas um sinal, e pode ser também um remédio contra o verdadeiro problema.

Necessitamos converter essa enfermidade do sujeito em uma arma, falar dela como uma arma contra o poder, elaborá-la ao falar de nosso desejo de outro mundo e agir coletivamente em função de nosso desejo. Isso é o que a psicanálise tornaria possível se não tivesse se tornado ela mesma impossível, não tivesse se degradado tanto, não tivesse se convertido em um instrumento a mais de sugestão, ideologização, evasão do mundo, reclusão na individualidade, psicologização, psicopatologização, negação do conflito, adaptação e regulação a serviço da reprodução social do mundo existente. De fato, das diversas aproximações psi à subjetividade, a psicanalítica é a que melhor consegue apreciar o papel da "reprodução social" na replicação material das estruturas coloniais e familiares a serviço do capital.

A impossibilidade da psicanálise nas condições de racismo generalizado, heterossexismo e constante rebaixamento e humilhação dos excluídos do poder intensifica-se pela redução da angústia ao nível do indivíduo. A esfera individual, cada vez mais impotente, pobre e estreita, ganha terreno sobre o campo coletivo e acaba se convertendo no lugar em que devem ser resolvidos todos os efeitos negativos provocados na subjetividade pelo processo capitalista de opressão e destruição. Aqui, porém, as diversas formas de psicologia, incluídas as da psicologia psicanalítica, operam junto à psicanálise médico-psiquiátrica.

Sem dúvida, a psiquiatria é com frequência rechaçada por psicólogos, que se consideram mais empáticos, sensíveis, compreensivos e respeitosos em relação ao ser humano do que os psiquiatras, e são bastante conscientes da cumplicidade entre a medicina e o capitalismo, o que se evidencia no poder imenso da indústria farmacêutica e no cumprimento da tarefa de reabilitar a força de trabalho por meio da medicação. A psicologia pretende então substituir a psiquiatria, que operou de algum modo como uma replicação mais óbvia das relações pré-capitalistas de controle profissional e de servidão, nas quais aqueles que sofrem são tratados como "pacientes". Mas essa psicologia mais moderna, que pode se valer da teoria psicanalítica para orientar os rápidos tratamentos cognitivo-comportamentais adaptativos, não deixa de servir o capitalismo com maior eficácia e presteza ao nos adaptar a ele, ao torná-lo suportável para nós, ao impedir que seja perturbado por nossa enfermidade, ao nos reabilitar como trabalhadores e consumidores.

Trabalho e consumo, que são as principais funções do ser humano para a produção e a realização do capital, não devem ser necessariamente habilitados pelo tratamento psicanalítico, cujo sujeito não é o do capitalismo. Nem todos precisam trabalhar o tempo todo ou ir às compras como forma de lazer. O sujeito mais conveniente ao capital é o da psicologia, o indivíduo mais ou menos adaptado e aparentemente livre, ou que controla a si mesmo, apresentando-se como o melhor trabalhador e consumidor.

O indivíduo "sadio" da psicologia é o reflexo ideal, simétrico e invertido, do sujeito "enfermo" da psiquiatria. É a partir da "enfermidade", ao negar e mistificar a verdade revelada pela enfermidade, que se concebe a "saúde", uma espécie de normalidade, a normalidade patológica do capitalismo. É por isso que os psicólogos costumam se referir aos psiquiatras como seus verdadeiros mestres. É por isso também que as versões psicológicas da psicanálise são tão perigosas quanto as versões psiquiátricas.

O sujeito da psicanálise psiquiátrica pré-capitalista, da psicanálise agregada à psiquiatria e da psicanálise psicológica capitalista – a versão adaptativa que é promovida em manuais como uma teoria da mente e do comportamento – reduz-se ao corpo separado alienado ou à mente individual. Ao contrário, o sujeito da verdadeira psicanálise, da psicanálise radical não psicologizada nem psiquiatrizada, é justamente aquele que não pode ser reduzido a uma existência mental ou corporal, aquele que não é unicamente uma mente ou um corpo. Nosso sujeito, o sujeito humano, não é o objeto alienado na sociedade capitalista e menos ainda o objeto-escravo tratado por psiquiatras coloniais quase feudais.

Nosso sujeito, enquanto *sujeito*, relaciona-se exteriormente com esses objetos, com sua alienação, a mente e o corpo, o capitalismo e o colonialismo. Nosso sujeito pode ser anticapitalista e anticolonial, e expressa seu potencial na verdade que fala ao poder e potencialmente a um modo de ser pós-capitalista. É esse potencial que os aparatos de poder atuais tornam quase impossível. Mas também podemos fazer a história falar, tanto a história do sujeito individual na clínica como a história daquela luta coletiva que denuncia o papel das profissões psi na perpetuação do poder, e não em desafiá-lo.

Falsos futuros prometidos pelas profissões psi terapêuticas

A psiquiatria promete curar o que chama de "enfermidade mental", assim como a psicologia se oferece para tratar pensamentos e comportamentos desadaptativos. Seus praticantes, treinados em práticas alienantes, costumam lutar para encontrar uma voz para os oprimidos. Alguns desses praticantes, como os do movimento antipsiquiátrico de meio século atrás e os da "psicologia crítica" do presente, rompem com sua disciplina e se unem aos movimentos de liberação.

Basta pensar no psiquiatra revolucionário Frantz Fanon, que, ao se unir à guerra anticolonial argelina depois de escrever sobre o racismo branco, continuou trabalhando com meios médicos reacionários, tratando daquilo que era representado ainda como "enfermidade mental", embora depois, por fim, colocasse toda a sua energia na liberação. Outro caso que chama a atenção é o de Ignacio Martín-Baró, que criticou as teorias e práticas psicológicas de sua época, propondo como alternativa uma psicologia da liberação e lutando pela emancipação dos povos latino-americanos, especialmente o salvadorenho, o que lhe custou ser assassinado por um esquadrão da morte do exército. É preciso dizer que Martín-Baró utilizou às vezes em sua luta métodos psicológicos tradicionais, como pesquisas de opinião, e nunca deixou de ensinar e investigar no mesmo campo da psicologia que questionava.

Os "psicólogos críticos" dos dias atuais estão capturados em uma contradição similar, escrevendo sobre os problemas da disciplina que os acolhe, mas com frequência sendo pagos para ensiná-la nas universidades. As contradições são brutalmente cruas quando esses profissionais psi deparam com as lutas do mundo real pela liberação.

Psicoterapia

O terceiro de nossos falsos cognatos nas profissões psi, junto à psicologia e à psiquiatria, é a psicoterapia, um enfoque da angústia com o qual a psicanálise é às vezes confundida. E por boas razões, pois há não só muitos psicoterapeutas que se baseiam em certas versões da teoria freudiana, como também muitos psicanalistas que, por razões estratégicas, nas instituições que os empregam, apresentam-se como psicoterapeutas, ou "psicoterapeutas psicanalíticos", ou ainda "conselheiros psicodinâmicos". A confusão se aprofunda ainda mais, porque as formas radicais de psicanálise podem ter efetivamente certos "efeitos terapêuticos". Esses efeitos, no entanto, não são o propósito da clínica psicanalítica. Seu propósito, como temos visto, é uma forma de liberação, e não simplesmente uma cura adaptativa ou um alívio nas condições de opressão.

Embora não seja uma psicoterapia, a psicanálise tem algo de terapêutico. O que distingue a psicanálise da psicoterapia é o fato de lidar com as contradições do sujeito, do mundo, e do sujeito em relação ao mundo. Precisamos, então, entender a forma como a psicoterapia opera em sua tarefa de suavizar a natureza contraditória da realidade. Sim, de fato há "psicoterapeutas radicais", assim como há "psiquiatras críticos", mas, quando são realmente radicais, eles rompem em sua prática com a psicoterapia como tal. Um tratamento não pode ser terapêutico se for radical de verdade. Isso é também uma impossibilidade da psicanálise que a psicoterapia tenta sanar, uma deficiência que tenta compensar, um problema que pretende resolver.

A técnica psicoterapêutica pode ser funcional para o capitalismo pelo fato de se limitar a cumprir seu encargo sem fazer mais perguntas. É um exemplo da "tirania da ausência de estrutura", que promete uma cura para a angústia em um mundo estruturalmente organizado em torno da alienação. A sua tentativa de aparentar que não há poder, não há estrutura, é o argumento ideológico mais eficaz contra aqueles que sofrem o capitalismo, o racismo, o sexismo e outras formas de opressão, e que com toda razão se queixam disso.

A reconfortante insistência em fazer crer que não há problema opera como uma forma de tirania, silenciando aqueles que buscam mudar o mundo. Diz-se a eles que não se preocupem, porque o mundo já mudou, já está tudo certo, o único problema são eles mesmos. A psicoterapia é uma falsa aparência do "pós-capitalismo" e, portanto, apesar dos melhores desejos de seus praticantes nas profissões psi, com frequência sabota a luta anticapitalista. O capitalismo não acabou, e, portanto, a psicoterapia, ao fechar os olhos para isso, engana-nos.

A alienação, a estrutura e demais dimensões do poder, que estão no centro das atenções do tratamento psicanalítico, costumam ser encaradas como um pressuposto e ignoradas nas técnicas psicoterapêuticas. A psicoterapia evade sistematicamente a questão do poder, ou melhor, quando aborda o poder, acredita dissolvê-lo em relações comunicativas imaginárias que constrói em sua própria forma de clínica. As atitudes sentimentais de muitos psicoterapeutas diante do poder são precisamente as que melhor permitem seu exercício, e por isso mesmo são também as que devem ser reativadas por meio da transferência na clínica psicanalítica, para poderem ser trabalhadas, elaboradas e superadas.

Assim como a psicanálise é uma crítica, mais do que uma forma de psiquiatria e psicologia, também o tratamento psicanalítico é ou deveria ser o oposto exato de qualquer tipo de psicoterapia, inclusive a psicanalítica, que, mesmo sem ser psicanálise, recupera, absorve e neutraliza as noções psicanalíticas. A psicanálise não é nem pode ser uma psicoterapia. Não existe para adaptar nem para reabilitar ou curar o sujeito sob as condições estabelecidas pelo capitalismo. Não pode aceitar essas condições. Não pode ser condicionada por elas. É também por isso que não é nem pode ser confundida com a psiquiatria, a psicologia ou a psicoterapia.

Os psicoterapeutas e conselheiros "radicais", que muitas vezes são tão críticos quanto nós em relação à psiquiatria e à psicologia, não vão ficar contentes com a nossa afirmação de que eles também sabotam a luta anticapitalista. E em certa medida seu descontentamento terá boas razões. Embora tenhamos sido muito duros com a psicoterapia, devemos logo matizar dialeticamente nosso argumento. As ressalvas são as seguintes.

Em primeiro lugar, é preciso admitir que a própria psicanálise também está comprometida, que nem todos os psicanalistas são radicais, pois muitos entraram em conluio com a opressão da mulher, com a caricatura racista e até mesmo com a tortura em regimes repressivos.

Em segundo lugar, e mais crucial ainda, cabe repetir que a psicanálise tem efeitos terapêuticos e que não é sem razão que muitos psicanalistas se consideram psicoterapeutas. Admitimos, então, que poderíamos afirmar que a psicanálise é "psicoterapia radical", com a mesma facilidade, ou com alguma dificuldade, com que temos afirmado que é "psicologia crítica" para os movimentos de liberação. Nossos amigos psicoterapeutas radicais, indevidamente preocupados em proteger seus títulos em sua prática, deveriam simplesmente romper também de vez com sua profissão psi anfitriã, assim como os psicólogos críticos precisariam romper com a sua.

◢ Grupos

É com a mesma cautela que abordamos a psicoterapia em grupo, que, na forma de grupos de encontro e de análise grupal, parece operar já como uma prática terapêutica mais radical. Com frequência os ativistas políticos consideram esses grupos mais radicais, por serem imediatamente "coletivos", embora seu aspecto coletivo ainda se limite quase sempre ao espaço da clínica e às sessões em um momento determinado, com os participantes tratados como "pacientes". Em alguns países latino-americanos os enfoques grupais têm sido frequentemente liderados por psicanalistas radicais, e inclusive por autoproclamados marxistas, enquanto no contexto europeu a análise de grupos foi fundada por psicanalistas e teóricos sociais com uma teoria social da psique e mais próximos da tradição da "teoria crítica".

A questão fundamental para nós é se o exercício dos princípios psicanalíticos em grupos necessariamente mitiga ou se reproduz ou exacerba os problemas da psicanálise em uma sociedade que individualiza o sofrimento. Seria possível afirmar que o tipo de livre associação que é crucial para a clínica psicanalítica se mostra potencialmente mais radical em um grupo, porque a "discussão livre flutuante" oferece oportunidade para que muitas pessoas contribuam e interpretem o que está ocorrendo. As formas de identificação em grupo podem ser orientadas na direção da "ressonância", e assim a transferência não se concentra na figura do analista. A transferência em si é experimentada de maneira diferente em grupo, já que os múltiplos aspectos contraditórios da transferência estão presentes ao mesmo tempo, de maneiras distintas para os diferentes membros do grupo analítico. Essas pessoas trabalham por meio de sua angústia com outras pessoas em lugar de fazê-lo em um espaço privado com uma só pessoa. Afinal, o grupo é um "coletivo", e parte da cura é aprender a ser coletivo em lugar de individual.

Por melhores que sejam os argumentos em favor dos enfoques grupais, não conseguem me convencer de que tais enfoques sejam melhores que a psicanálise "individual". Não estamos convencidos, mas não por suspeitar particularmente da análise de grupo e de outras formas de psicoterapia de grupo, mas porque nossa visão da psicanálise radical não é tão centrada no indivíduo como em uma forma de sujeito que é ao mesmo tempo coletiva e situada em um corpo em particular. A psicanálise já é sempre de algum modo grupal, social e política.

O que defendemos é que, embora na clínica psicanalítica haja duas pessoas, isto é, um analisando falando com um analista, é uma ilusão inferir dessa imagem empírica do tratamento que se trate apenas de uma prática interindividual de dois corpos. Há múltiplos sujeitos que ganham vida na clínica por meio da transferência, assim como, em um nível inconsciente, muitas posições do sujeito diferentes, ativadas no discurso da análise. Quem fala não é apenas o "eu" individual do analisando, mas algo além dele, um mundo inconsciente de subjetividades contraditórias que se modelam em pessoas significativas para o sujeito em seu passado, conforme ele fala com figuras diferentes que se apresentam a ele na transferência. O analisando, além disso, vê-se movido a repetir significantes dos diversos tipos de sujeito que ele mesmo tem sido, e abre possibilidades para que outros tipos de sujeito apareçam no futuro, no decorrer da cura. Podemos dizer, portanto, que há mais de duas pessoas na sala de uma clínica psicanalítica. A psicanálise radical de orientação coletiva, ou digna desse nome, já é uma espécie de grupo, já é a versão mais radical da "análise grupal".

O que acabamos de argumentar nos propõe uma tarefa radical, que corre paralelamente ao objetivo de fazer da psicanálise algo genuinamente liberador, em aliança com os movimentos de liberação, em lugar de uma forma conservadora de psicoterapia psicanalítica. Essa tarefa radical tem duas vertentes que se relacionam dialeticamente: a primeira é que precisamos partir da teoria analítica de grupo, que é radical, e torná-la genuinamente psicanalítica; a segunda é que temos de tornar a psicanálise genuinamente coletiva, abrindo-a ao aspecto grupal da existência humana e levando-a além, à subjetividade coletiva.

O futuro é coletivo. É através de nossa luta coletiva que construiremos um mundo que seja uma alternativa plenamente social à existência individual alienada que sofremos aqui e agora. Precisamos vislumbrar esse mundo em nossas formas de luta. Essa luta deve prefigurar o tipo de mundo no qual desejamos viver. Por sua vez, a psicanálise, como forma de "psicologia crítica" que rompe com todos os preceitos da psicologia individualista, também precisa prefigurar em sua prática o tipo de subjetividade que será um recurso e um motor adequado a esse futuro.

É verdade que grande parte da prática institucional psicanalítica vai em sentido contrário ao da visão coletiva do sujeito da psicanálise que viemos elaborando neste manifesto. No entanto, já houve, tempos atrás, essa visão coletiva, e ela pode voltar a existir. As "clínicas testemunhais" e as "clínicas gratuitas" criadas pelos psicanalistas nos últimos anos na América Latina resgatam o passado radical das clínicas gratuitas de Freud na Europa antes da Segunda Guerra Mundial. Uma vez mais, é o passado que contém as chaves de um futuro radical. O que devemos fazer é converter a prática atual, com todas as suas contradições, em um espaço de transição, em uma prática que orientada na teoria e na prática para a transição a um mundo além do capitalismo, do colonialismo e do patriarcado. Este outro mundo é o que denominamos "comunismo".

Transições, no mundo e na psicanálise

A psicanálise não existe para servir o malfadado mundo em que vivemos. Por isso não é nem deveria pretender ser uma profissão psi. Não deveria imiscuir-se com a psicoterapia nem com a psicologia e muito menos com a psiquiatria para obter status e poder, ou reconhecimento e aceitação. A psicanálise tem um aspecto marginal e transicional e por isso nunca conseguiu se adaptar de fato. Igual ao sujeito humano do qual se ocupa, a psicanálise está irremediavelmente "desadaptada", não se encaixa e desafia a sociedade em que nasceu. Precisamos intensificar esse estado de transição com demandas de transição, articuladas em aliança com os movimentos de liberação, para levar a psicanálise além do que ela é agora, e convertê-la no que verdadeiramente pode ser.

◢ Demandas

Vamos articular aqui quatro demandas. A primeira demanda é que o inconsciente não seja tratado como um poço escuro e profundo no interior do indivíduo, mas como um recurso coletivo de luta e como um lugar exterior onde existimos e atuamos como sujeitos. Isso significa levar a sério a crítica do eu individual. Temos de ir além de cada um de nós e encontrar os outros. Os recursos teóricos e práticos para isso já estão no inconsciente, na história que trazemos conosco, na memória de lutas passadas. A imagem do poço profundo e escuro tem colorações racistas e trai a luta coletiva dos negros e dos indígenas, assim como a das mulheres, cuja representação como seres obedientes não impediu que fossem vistas também como lugares misteriosos de inconsciência e de protesto histérico. Nossa demanda é que ninguém, nem por seu gênero, nem por sua raça, nem por sua cultura, seja visto como inconsciente ou como o inconsciente em contraste com a consciência do eu branco, masculino e ocidental. Demandamos também que o inconsciente deixe de ser concebido de modo a permitir caricaturas sexistas ou racistas. Essa demanda é ao mesmo tempo feminista, antirracista e anticolonial. É a exigência de parar de tentar colonizar o inconsciente e de, em vez disso, deixá-lo falar.

Nossa segunda demanda é dirigida explicitamente à prática clínica da psicanálise. A clínica pode ser um aparato, uma máquina para a produção de "bons cidadãos", como pode ser o espaço para o desmonte radical da subjetividade burguesa, sexista e racista. A clínica pode assim aliar-se aos movimentos de liberação e ajudá-los a mudar o mundo, mas também pode aliar-se à ordem estabelecida e neutralizar qualquer gesto liberador no indivíduo, mudando o indivíduo para não mudar o mundo. Como uma máquina, a clínica proporciona um instrumento no qual a pulsão que move a ação humana se converte com facilidade em uma repetição do pior dessa subjetividade, confirmando-a em vez de desafiá-la. Então, nossa segunda exigência é que a *repetição* na clínica seja tratada como a oportunidade de construir a diferença, de fazer surgir algo diferente em lugar do mesmo.

A terceira demanda refere-se à pulsão como tal e à sua localização no corpo como lugar de fala. Precisamos aprender duas lições do feminismo negro: que o silêncio, o mutismo da pulsão, é o que mantém a opressão; e que o primeiro passo para a liberação provém da vontade de dizer a verdade ao poder. Sim, isso é relevante na clínica, mas nossa demanda é dirigida aos psicanalistas, conclamando-os a não ficarem calados perante o poder que lhes outorga poder institucional, prestígio e privilégio. Sim à pulsão na fala, refletida e transformada. Não à conivência com o poder sob o pretexto de que os analistas devem ser "neutros" e "objetivos" ou proceder como sócios silenciosos do processo político. Queremos exortá-los a falarem contra o abuso de poder, incluído o abuso de poder dos psicanalistas e de outros profissionais psi.

Nossa quarta demanda, voltando à clínica, é que a *transferência* no sentido clínico não seja usada como um modelo para qualquer uso, ultrapassando a esfera clínica, "aplicada" a domínios de atividade social que a psicanálise não compreende nem pode compreender. Os psicanalistas devem abandonar a pretensão de explicar aos participantes dos movimentos de liberação o que realmente significa nossa luta. Deve ser levada a sério a lição-chave da psicanálise de que a interpretação é do analisando, e não do analista. A transferência emerge na clínica precisamente como uma transmissão de poder para que possa ser desfeito de novo. Devem ser feitos todos os esforços para desfazer o poder do psicanalista quando ele pretende falar em lugar dos movimentos de liberação.

Como já dissemos, para servir aos movimentos de liberação, a psicanálise deve desligar-se claramente da psiquiatria, da psicologia e da psicoterapia. Esses três componentes do "complexo psi", a densa rede de teorias e práticas sobre o sujeito com a qual o poder sob o capitalismo e o patriarcado é garantido e reforçado, estão agora entrelaçando-se num processo ideológico global de "psicologização", de expansão do psicológico à custa da política, da sociedade e da cultura, os campos nos quais podemos nos encontrar, mobilizar e liberar. A psicologização, em seus vários aspectos contraditórios, reduz os mais diversos fenômenos culturais, sociais e políticos a mecanismos psicológicos individuais, fazendo-nos acreditar que cada um de nós, como indivíduo, é o causador da angústia neste mundo e que é capaz de resolvê-la.

Apenas coletivamente podemos nos liberar. Os movimentos de liberação devem se preservar evitando a psicologização. Não devemos dar-lhes mais psicologia dissimulada por trás de uma fachada psicanalítica. Tampouco devemos esquecer que a psicanálise, convertida em psicologia, desempenhou um papel cúmplice da psicologização da vida cotidiana, o que inclui a psicologização da resistência política.

Para servir aos movimentos de liberação, a psicanálise não deve ser um meio de psicologizar. Não deve despolitizar o político ao reduzi-lo ao psicológico, à personalidade ou ao mundo interno dos sujeitos, a seus instintos, seus complexos, sua fantasia ou sua patologia. A psicanálise tampouco deve canalizar a responsabilidade da sociedade no indivíduo ou oferecer a imagem romântica e irrealista de um indivíduo livre das estruturas e capaz de mudar tudo.

Liberdade

Não podemos prometer uma liberdade total. Essa promessa é tão fraudulenta na psicanálise como imaginar que exista um céu sem conflitos ou que tudo será um paraíso na Terra depois da revolução. A psicanálise apenas pode ser liberadora ao nos ajudar a ter consciência daquilo que nos impede de ser livres. Essa consciência é um objetivo imediato do método psicanalítico. Sua regra técnica fundamental da "livre associação", por exemplo, está concebida para tornar evidente ao analisando o que ele não pode falar, que sua liberdade é ilusória, em lugar de produzir a ilusão de que pode chegar a ser livre para dizer tudo.

A regra da "livre associação", que somos convidados a adotar na clínica, também fala de um desejo político. Falamos do desejo na clínica para poder falar dele fora, mas não para levar o tratamento psicanalítico à vida cotidiana, evangelizando-o, e sim para transcendê-lo, ir além da clínica, em direção à política. O campo da política é o único no qual a psicanálise pode terminar sendo bem-sucedida, como uma maneira dialética de levar adiante o trabalho analítico por outros meios.

O sujeito da psicanálise é o da política. Não é o indivíduo isolado, encerrado em si mesmo, mas cada um de nós trabalhando com os demais, coletivamente, inseridos no que somos, descobrindo quem somos por meio de nosso envolvimento com os outros. É aqui que está o inconsciente, que só pode ser político. Esse é o horizonte da psicanálise. A exploração do inconsciente nos conduz à política. Trata-se de um processo radical de politização, que é o contrário da psicologização e faz uso do tratamento psicanalítico para conseguir a "sublação" dialética deste, deixando-o para trás enquanto está sendo realizado, isto é, *com ele* a fim de *transcendê-lo*. E esse é um sentido técnico que precisamos importar para a psicanálise a fim de radicalizá-la, o da sublação. Ela se refere a um processo de aprimorar e transcender determinado estado de coisas, ao mesmo tempo que se cancela aquilo que tornava impossível o que era oferecido por esse estado de coisas. É desse modo que a impossibilidade do tratamento psicanalítico pode ser superada nos movimentos de liberação.

Essa sublação dialética da psicanálise requer um íntimo vínculo entre o que acontece dentro da clínica e o que acontece fora dela, e então, e só então, podemos redimir as falsas promessas feitas por outros tratamentos psi adaptativos. É assim também que o tratamento psicanalítico pode nos levar para fora dele, desembocar no mundo e assim justificar sua existência. A psicanálise só tem sentido quando nos leva além dela como tal.

O propósito mais radical da nossa "psicologia crítica" não é manter a psicanálise em seu lugar, mas relegá-la ao passado, abolir aquelas condições sociais que a fizeram operar, transformar as formas de subjetividade que requerem um tratamento psicanalítico. O impulso ético-político é o de propor outro mundo, um mundo no qual possamos nos associar livremente e no qual o livre desenvolvimento de cada um seja a condição para o livre desenvolvimento de todos. Nosso objetivo é construir um mundo em que a psicanálise seja possível, mas desnecessária.

Leituras de apoio

Evitamos deliberadamente as referências bibliográficas para não diluir nosso manifesto em uma discussão acadêmica, mas é preciso reconhecer nossa dívida para com os autores que nos guiaram e inspiraram. São muitos, e seria impossível mencionar todos. A seguir, fazemos referência apenas a alguns textos que nos foram especialmente úteis para a elaboração do presente manifesto. Deles provêm muitas ideias aqui incorporadas e reelaboradas.

Psicanálise

Nosso manifesto foi influenciado por diversas tradições freudianas radicais, mas aborda também a psicanálise em geral. Falamos de Sigmund Freud, é claro, e discutimos algumas de suas ideias contidas em textos como "O inconsciente", *Além do princípio do prazer*, "O eu e o Isso" e *O mal-estar na cultura*. As ideias de Freud são fundamentais para qualquer trabalho psicanalítico, conservador ou radical. Há "introduções" à psicanálise enganosas, às vezes simplesmente errôneas; uma introdução clara e confiável é *Freud: Theory of the Unconscious*, de Octave Mannoni.

As tradições freudianas radicais importantes para nós incluem os psicanalistas marxistas da primeira geração de trabalho crítico em torno de Freud. Aprendemos em particular com o trabalho de Wilhelm Reich, cuja luta pela liberação sexual e pelo comunismo levou à sua expulsão tanto da Associação Psicanalítica Internacional como do Partido Comunista. Em textos como *Materialismo dialético e psicanálise* ou *Psicologia de massas do fascismo*, Reich tentou utilizar a teoria freudiana para compreender o enraizamento ideológico da sociedade no psiquismo, assim como a repressão sexual na sociedade capitalista e a forma como essa repressão se transmite através da família nuclear burguesa.

Também apreciamos muito dos escritos de Erich Fromm, psicanalista humanista e socialista profundamente influenciado por Marx. Fromm enfatizou a forma como o capitalismo nos desumaniza, alienando-nos da nossa humanidade, e como nos anima a "ter" coisas que nos tragam felicidade em lugar de nos preocuparmos em "ser". Ele explora isso em livros como *A psicanálise da sociedade contemporânea* e *Anatomia da destrutividade humana*.

Outro autor importante para nós tem sido Herbert Marcuse, figura central para os movimentos de liberação dos anos 1960 e 1970. Em seus livros *Eros e civilização* e *A ideologia da sociedade industrial: o homem unidimensional*, Marcuse nos ensina a apreciar o aspecto repressivo de certas formas de liberdade na sociedade contemporânea. Também nos ajudou a distinguir entre a repressão que serve à cultura e o suplemento de repressão que serve à opressão e à exploração no capitalismo.

Entre os psicanalistas posteriores que deram continuidade à tradição de trabalho radical estão Marie Langer e Joel Kovel. A primeira obstinou-se ao final de sua vida em continuar psicanalista sem renunciar à sua participação nos movimentos de liberação, como explica em seu texto *Psicanálise e/ou revolução social*. Joel Kovel descreveu o trabalho clínico no contexto capitalista, com vidas afetadas pelo capitalismo, em livros como *The Age of Desire*. Com o tempo, Kovel deixou de atuar como psicanalista e envolveu-se em tempo integral com a política ecológica e marxista, como um "ecossocialista", enquanto Langer contribuiu para repolitizar a psicanálise na América Latina.

Um problema com o chamado "freudo-marxismo" é às vezes mostrar-se bastante reducionista, concebendo a estrutura de caráter do indivíduo como uma replicação direta da estrutura de classes e convertendo a sexualidade, tal como entendida convencionalmente na sociedade burguesa, em uma força de experiência imediata para a liberdade. Isso se mostra bem evidente em Reich e em menor medida em Fromm, Kovel e Langer, mas foi um problema já discutido por Marcuse. Há uma excelente exposição dessas diversas tradições em *The Politics of Psychoanalysis: An Introduction to Freudian and Post-Freudian Theory*, de Stephen Frosh. Também há uma descrição inspiradora da forma como a psicanálise se desenvolveu antes do surgimento do fascismo na Europa em *As clínicas públicas de Freud: Psicanálise e justiça social (1918-1938)*, de Elizabeth Danto.

A tradição de trabalho que mais nos influenciou, mas da qual somos também críticos, é a inaugurada por Jacques Lacan, um psicanalista que rompeu com a Associação Psicanalítica Internacional para fundar sua própria escola de formação de analistas. Lacan elaborou uma teoria centrada na linguagem, em lugar dos enfoques dominantes em sua época, centrados no eu, na adaptação, nas forças biológicas e nas etapas biologicamente conectadas do desenvolvimento do caráter. Para Lacan, a linguagem organizada através do simbólico é mais que um simples meio de comunicação; é uma estrutura na qual ocupamos nosso lugar, uma exterioridade que nos rodeia, isto é, o "Outro" para nós, como explicamos neste livro. Valorizamos positivamente o trabalho crítico dos psicanalistas lacanianos a respeito da história de sua prática, como no livro de Christian Dunker *Estrutura e constituição da clínica psicanalítica*, assim como as tentativas de conectar Lacan diretamente ao marxismo na obra de Samo Tomšič, *The Capitalist Unconscious*. Também apreciamos a intervenção teórica precoce de Slavoj Žižek em *O sublime objeto da ideologia*, assim como as aproximações teórico-críticas a esse trabalho em *A esquerda lacaniana: psicanálise, teoria, política*, de Yannis Stavrakakis. Finalmente, sentimo-nos próximos de trabalhos que tentam repolitizar a psicanálise lacaniana em posições progressistas de esquerda, seja de maneira moderada, como em *Para una izquierda lacaniana*, de Jorge Alemán, seja de modo mais radical, como em *O gozo do capital*, de Emiliano Exposto e Gabriel Rodríguez Varela.

A obra crítica lacaniana recém-mencionada estaria incompleta e não seria viável sem as intervenções desde o interior dos movimentos feministas e anticoloniais, intervenções que nem sempre obtiveram o devido reconhecimento. Para nós, o trabalho da psicanalista Juliet Mitchell em *Psicanálise e feminismo* foi crucial para o argumento de que o "freudo-marxismo" tinha limitações e que havia que recorrer a Lacan para vincular a mudança pessoal à mudança social. Também fomos inspirados pelas tentativas psicanalíticas de compreender a incrustação do racismo em sujeitos brancos e negros na obra do psiquiatra revolucionário Frantz Fanon, particularmente em seu livro pioneiro *Pele negra, máscaras brancas.*

Psicologia crítica

Recorremos, nós, os autores, à psicanálise porque, apesar de ambos termos sido treinados na psicologia, logo nos demos conta de que havia muita coisa indesejável nessa disciplina, como seu sexismo, sua homofobia, seu racismo, seu funcionamento colonial, sua cumplicidade com o capitalismo e seu desprezo pela classe trabalhadora. A psicologia às vezes utiliza a teoria psicanalítica, geralmente de modo reacionário, mas costuma também rejeitar a psicanálise, vendo-a como uma ameaça. Nosso argumento neste livro tem sido de que a psicanálise é a forma mais radical possível de "psicologia crítica", uma tentativa de oposição à psicologia para tratá-la como parte do problema, mais do que como uma solução para os nossos males.

Entre os autores de "psicologia crítica" que mais nos influenciaram está Ignacio Martín-Baró, que conecta a crítica da psicologia a um projeto de liberação. Martín-Baró insistiu em que a psicologia só poderia servir para a liberação dos povos da América Latina se liberasse a si mesma da própria alienação. Pensamos que a psicologia só possa se liberar se conseguir se liberar *dela* mesma. É por isso que nos voltamos para a psicanálise.

Na ampla tradição da "psicologia crítica" encontram-se críticas psicanalíticas, por exemplo, na obra de Néstor

Braunstein, que escreveu, com Marcelo Pasternac, Gloria Benedito e Frida Saal, o livro *Psicologia: ideología y ciencia*. Esses autores mostram que a psicologia pretende ser uma ciência, mas não é, correspondendo mais a uma ideologia e a uma técnica a serviço do capitalismo. Uma das críticas mais radicais à psicologia atual é a que se concentra na "psicologização" e na forma como as ideias da disciplina operam como uma força global. Essa crítica encontra-se bem desenvolvida no trabalho de Jan De Vos, por exemplo, em seu livro *A psicologização e suas vicissitudes*.

Nem todos os críticos da psicologia veem a psicanálise como alternativa. Os "antipsiquiatras" e os "psiquiatras democráticos" com frequência têm concebido a psicanálise como parte do "complexo psi", como uma profissão "psi" que teria também como objetivo adaptar as pessoas à sociedade. Entre as alternativas críticas surgidas no interior da psiquiatria, as que mais têm nos interessado são obviamente as vinculadas à política radical, entre elas a de Franco Basaglia, em livros como *Razão, loucura e sociedade*, e a de Marius Romme, que escreveu, com sua companheira jornalista Sandra Escher, *Accepting Voices*, que trata do fenômeno de "ouvir vozes" como parte da experiência humana em lugar de vê-lo como um sintoma patológico da esquizofrenia. Levamos a sério a palavra de ordem da intervenção antipsiquiátrica SPK, de Wolfgang Hüber: *converter a enfermidade em uma arma*. Também deveríamos mencionar aqui *The Unsayable: The Hidden Language of Trauma*, um trabalho crítico lacaniano sobre "psicose", de Annie G. Rogers, psicanalista que, mesmo convivendo com o diagnóstico de "psicótica", continua praticando a psicanálise.

Política

Nós, os autores deste livro, estamos situados em diferentes tradições da esquerda, mas ambos nos consideramos marxistas e incluímos neste manifesto muitas ideias e inclusive termos e frases-chave da obra de Karl Marx. As ideias de Marx foram cruciais para os movimentos sociais que tornaram possíveis revoluções como a russa, a chinesa e a cubana, assim como para muitas mobilizações anticoloniais em todo o mundo. O marxismo inspirou e continua inspirando lutas anticapitalistas, anti-imperialistas e antifascistas em todo o mundo. Compartilhamos o espírito radical destas lutas e das anteriores mobilizações e revoluções. Defendemos o que foi conquistado contra a invasão da burocracia e contra a traição de autoproclamados líderes.

Entre os muitos escritos marxistas críticos que nos influenciaram, há dois livros de Ernest Mandel. Um é *A formação do pensamento econômico de Karl Marx*, em que se demonstra que o marxismo é uma análise historicamente específica do capitalismo que aponta para a sua derrocada. O outro é *O poder e o dinheiro: contribuição à teoria da possível extin*ção *do Estado*, no qual Mandel explica o colapso dos países socialistas pela desintegração da base política do poder operário, usurpado pela burocracia.

Também reconhecemos a contribuição do colaborador de Marx, Friedrich Engels, em *A origem da família, da propriedade privada e do Estado*. Embora Engels não fosse feminista, oferece um contundente questionamento do patriarcado ao relacionar a instituição da família à manutenção da propriedade privada e do tipo de estrutura estatal dedicado a proteger aqueles que detêm o poder na sociedade. As críticas feministas do patriarcado com frequência têm visto Freud, por muito boas razões, como inimigo, o que podemos apreciar em *Política sexual*, de Kate Millet, uma das mais radicais feministas da chamada "segunda onda" do feminismo, das décadas de 1960 e 1970, na qual apareceu a política socialista-feminista e o famoso lema de que "o pessoal é político".

Dedicamo-nos a defender a psicanálise neste manifesto sem lidar com os questionamentos que lhe têm sido feitos, mas levando a sério tanto as críticas feministas como as anticoloniais que encontramos na obra de Fanon. Também damos crédito às críticas à psicanálise por sua reprodução inconsciente de lógicas de poder social, algo magistralmente elaborado em *Psicanalismo, a ordem psicanalítica e o poder*, do sociólogo Robert Castel, e por sua propensão a patologizar as pessoas que a criticam, algo muito bem tratado pelo antropólogo cultural Ernest Gellner em *The Psychoanalytic Movement, or The Coming of Unreason*.

A política feminista socialista abrange as anarquistas, entre elas Jo Freeman, que escreveu "A tirania da ausência de estrutura", a que nos referimos neste manifesto. Cinzia Arruzza descreve e discute detalhadamente as diferentes versões da intersecção entre as tradições políticas feministas radicais em *Ligações perigosas: casamentos e divórcios entre marxismo e feminismo*. O feminismo negro na obra de Audre Lorde, por exemplo, em seu livro *Irmã outsider*, insiste na importância de dizer a verdade ao poder, um argumento invocado várias vezes neste manifesto.

Também coeditamos um livro em espanhol, *Marxismo, psicología y psicoanálisis*, que reúne dezenas de textos de autores clássicos e atuais que tentam conectar a política radical à psicanálise e à psicologia crítica. Uma leitura de apoio também está disponível nas páginas dos dois blogs a seguir, nas quais inserimos, quando possível, textos-chave relacionados com os temas abordados aqui, além de atualizações do manifesto. São eles: https://sujeito.hypotheses. org/ e https://fiimg.com/psychopolitics/.

Os autores

IAN PARKER é psicanalista e trabalha na cidade de Manchester, norte da Inglaterra. É também marxista e membro de vários grupos de esquerda. Grande parte de seu trabalho acadêmico é dedicado a escrever e promover a "psicologia crítica", desenvolvendo alternativas teóricas à psicologia convencional e iniciativas práticas para abordar o sofrimento humano. É autor de vários livros sobre o tema, entre eles *Discourse Dynamics: Critical Analysis for Social and Individual Psychology, Critical Discursive Psychology* e *Revolution in Psychology: Alienation to Emancipation*, este último traduzido para o espanhol com o título *La psicología como ideología, contra la disciplina*. É membro do conselho editorial da *Asylum: Magazine for Radical Mental Health*, revista há muitos anos voltada à psiquiatria democrática, inspirada nas reformas lideradas por Basaglia, na Itália, e no trabalho do movimento Hearing Voices (Ouvir Vozes).

DAVID PAVÓN-CUÉLLAR é professor nas faculdades de Psicologia e Filosofia da Universidade Michoacana de San Nicolás de Hidalgo, na cidade de Morelia, estado de Michoacán, no México. É marxista e participa de coletivos de esquerda radical naquele país. Seu trabalho acadêmico situa-se na intersecção entre a psicanálise lacaniana, a teoria marxista e a psicologia crítica. É autor de vários livros sobre esses temas, entre eles *Elementos políticos de marxismo lacaniano*, *Marxism and Psychoanalysis, in or against Psychology?*, *Psicología crítica: definición, antecedentes, história y actualidad* e *Zapatismo y subjetividad: más allá de la psicología*.

Este livro foi composto com tipografia Adobe Garamond Pro e
impresso em papel Off-White 80 g/m² na Formato Artes Gráficas.